Mareike Gloeckner

Mit der **Flipped Classroom Methode** unterrichten

Selbstorganisiertes Lernen fördern

SPANISCH · KLASSE 5–13

Cornelsen

Die Autorin:
Mareike Gloeckner studierte Anglistik und Romanistik an der Wilhelms-Universität Münster und absolvierte anschließend das Referendariat in Hamm (NRW). Momentan unterrichtet sie an der Anna-Freud-Schule (Oberstufenzentrum Soziales) in Berlin die Fächer Englisch, Spanisch und Medienpädagogik. Seit 2015 ist sie ebenfalls in der Lehrerfortbildung tätig mit den Schwerpunkten „Umgang mit Heterogenität“ und „Einsatz von digitalen Medien im Fremdsprachenunterricht“

Alle aufgeführten Systeme und Tools stellen nur Beispiele für die Unterrichtsgestaltung dar. Bitte stimmen Sie sich mit Ihrer Schulleitung dazu ab, welche Systeme oder Tools an Ihrer Schule im Rahmen der Unterrichtsgestaltung genutzt werden dürfen.

Projektleitung: Juliane Maaß, Berlin
Redaktion: Louisa Pabst, Glienicke/Nordbahn
Umschlaggestaltung: Jule Kienecker, Berlin
Umschlagillustrationen und Illustrationen Innenteil (S. 3–56 oben sowie S. 21, S. 24): Shutterstock.com/Marish; Illustrationen (S. 5/Abb. 1): Adobe Stock
Layout/technische Umsetzung: krauß-verlagsservice, Ederheim/Hürnheim

www.cornelsen.de

1. Auflage 2022

Druck: H. Heenemann, Berlin

ISBN 978-3-589-16825-5

Der GEFLIPPTE Spanischunterricht

Mareike Gloeckner

INHALTSVERZEICHNIS

Vorwort

Seit 2014 flippe ich meinen Spanischunterricht. Was zunächst als Testphase mit einem Kurs begann, sollte sich über die Jahre hinweg als Umstrukturierung meines Unterrichts und meiner Art, eine Sprache zu vermitteln, herausstellen. Seitdem ich mich bewusst mit der Methode *Flipped Classroom* auseinandersetze, lerne ich tagtäglich und von Stunde zu Stunde dazu, vernetze mich mit anderen Lehrkräften deutschlandweit und stelle mein eigenes Verständnis vom *Flippen* stetig auf die Probe.

Die Methode *Flipped Classroom* ist schwierig zu definieren; es gibt nicht die eine Definition, die jeder in seinem Unterricht 1:1 einsetzen kann. Ich flippe mittlerweile ganz anders, als ich es noch anfangs tat, da sich mit dieser Methode nicht nur mein Unterricht, sondern auch ich mich als Lehrkraft verändert habe und dies stetig weiter tue. Die Methode öffnet einem die Tür zu weiteren Methoden, knüpft an vielen bekannten Konzepten an und modifiziert sich kontinuierlich. Die Reduktion auf eine Methode, die lediglich Lernvideos einsetzt, kann einfach widerlegt werden. Es gibt mittlerweile eine Bandbreite an Umsetzungs- und Einsatzmöglichkeiten. Und besonders wenn es um digitales Lernen geht, bietet die Methode unterschiedliche Stufen und Möglichkeiten des Einsatzes.

Es geht also um eine Form des Lernens, die schülerorientiert ist und die Bedürfnisse und Ziele des einzelnen Lerners / der einzelnen Lernerin ins Zentrum des Lerngeschehens rückt und augenscheinlich den Ansprüchen an einen kompetenzorientierten Unterricht gerecht wird. Das klingt zunächst ansatzweise perfekt, ist im Alltag aber aufgrund vieler verschiedener Faktoren wie volle Klassen, breite Heterogenität, ungenügende Rahmenbedingungen bzgl. Raum-, Medien- und Materialausstattung oft nicht umsetzbar. Zwar sind wir uns der Notwendigkeit und Existenz neuer Lernwege bewusst, sind es aber häufig ebendiese Bedingungen, die uns eher im Wege stehen. Deswegen erhebt dieses Buch keinen Anspruch auf Vollständigkeit und erfasst nicht das volle Potential der Methode, sondern kann nur einige Möglichkeiten aufzeigen, wie die Methode mit wenig Aufwand und flexibel an die Bedürfnisse der individuellen Lehrkraft sowohl im kleinen Rahmen, z. B. für Stundeneinstiege, oder längere Phasen, z. B. im Rahmen einer aufgabenorientierten Lernaufgabe, eingesetzt werden kann. Die einzelnen Elemente greifen dabei auf digitale Medien zurück, die jederzeit gegen analoge Materialien ausgetauscht und/oder ergänzt werden können und die Möglichkeit geben, andere Lernzugänge auszuprobieren und/oder an gewohnte Konzepte wie „Kooperatives Lernen“ anzuknüpfen.

1 Die Methode FLIPPED CLASSROOM

Nachdem die *Flipped Classroom*-Methode zum ersten Mal in den USA im Jahre 2000 von Wesley Baker in seinem Aufsatz „*The classroom flip: using web courses management tools to become the guide by side*" erwähnt worden war, gewann sie zehn Jahre später in Deutschland Aufmerksamkeit im universitären Bereich, als sie durch Jürgen Handke, Jörn Löviscach und Christian Spannagel (2012) in einer Pressemitteilung mit dem Titel „Vorlesung verkehrt, aber richtig" vorgestellt wurde.

Die Methode basiert primär auf einer umgedrehten Vermittlung und Aneignung von Inhalten. Entgegen des üblichen Ablaufs, in dem die Wissensaneignung gemeinsam im Unterricht angeleitet durch die Lehrkraft erfolgt, anschließend durch Übungen vertieft und im nächsten Schritt transferiert wird, legt *Flipped Classroom* den Fokus auf die Übungsphase und die Wissenskonstruktion im Unterricht. Zeit wird dadurch gewonnen, dass die Wissensaneignung nach außen verlagert wird, zum Beispiel als vorbereitende Hausaufgabe.

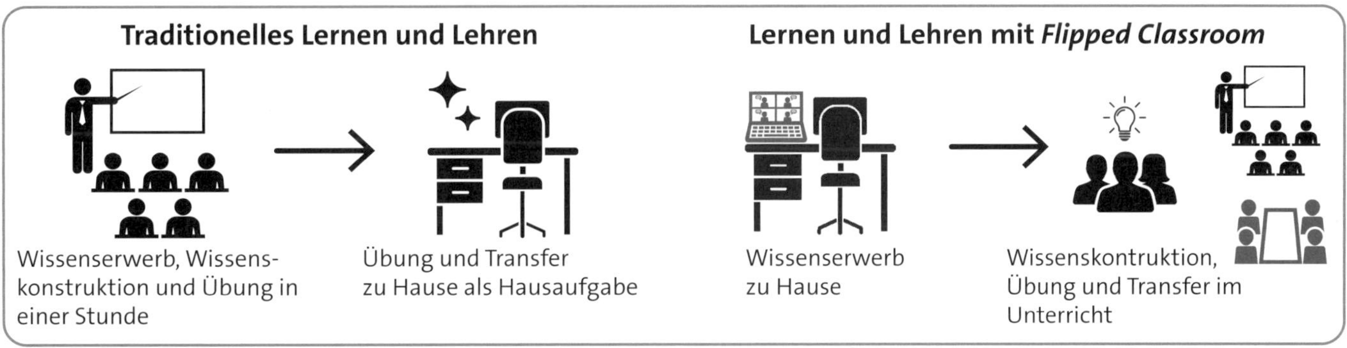

Abb. 1 | Traditioneller Unterricht vs. *Flipped Classroom*

Ursprünglich wurde den Schülern/Schülerinnen für die Phase der Wissensaneignung ein Erklärvideo an die Hand gegeben, mit dessen Hilfe sie sich den neuen Inhalt selbstständig erarbeitet haben. Skeptiker kritisierten zu Recht, dass dies lediglich Frontalunterricht in anderer Form sei. Mag diese Kritik zwar für die anfängliche Variatiante der Methode stimmen, so hat sie sich mit der Zeit weiterentwickelt; so werden heutzutage nicht nur Erklärvideos, sondern auch aktivierende Lernvideos eingesetzt. Wie bereits erwähnt, beinhaltet die Methode in der modernen Form eine Mischung aus digitalen und analogen Materialien:

> *"The flipped classroom is a new pedagogical method, which employs asynchronous video lectures and practice problems as homework, and active, group-based problem solving activities in the classroom. It represents a unique combination of learning theories once thought to be incompatible – active, problem-based learning activities upon a constructivist ideology and instructional lectures derived from direct instruction methods founded upon behaviourist principles".*

J. L. Bishop & Matthew Verleger. The Flipped Classroom: A survey of the research. 2013

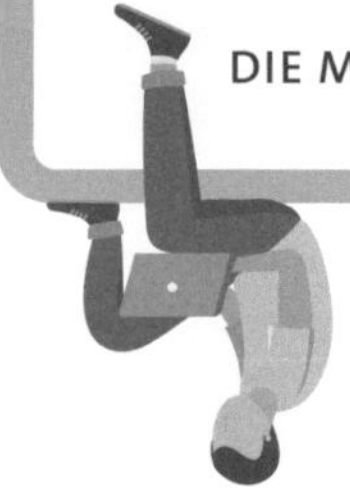

Es handelt sich hierbei um eine Methode, welche die Schüler/Schülerinnen tatsächlich ins Zentrum rückt und bei den Lehrkräften in der Unterrichtsplanung folgende Frage aufwirft: „Welche Kompetenzen und Fertigkeiten brauchen die Schüler/-innen, um sich Situation XYZ zu erschließen und die daraus neugewonnen Fertigkeiten und neues Wissen auf andere Situation zu beziehen?"

1.1 DER FLIPPED CLASSROOM ALS EINE FORM VON BLENDED LEARNING

Seit dem Jahr 2020 sind an den Schulen aufgrund des pandemiebedingten *Homescoolings* viele neue und innovative Ideen in den Unterricht integriert worden. Aufgrund der Situation mussten Lehrkräfte sich binnen kurzer Zeit immer wieder von Online- auf Hybrid-, auf Präsenzunterricht und zurück umstellen. In diesem Zuge gewann besonders die Form des *Blended Learning*-Formats an Bedeutung. Es handelt sich dabei um eine bewusst gewählte und zusammengestellte Kombination aus digitalen und analogen Formaten und Methoden. In einem *Blended Learning*-Szenario lässt sich selbstgesteuertes Lernen mit Präsenzphasen, *Learning on Demand*, Transferimpulsen sowie Reflexions- und Wiederholungssequenzen zu einem effektiven formellen Lernszenario kombinieren. Die digitalen und klassischen (analogen) Bausteine ergänzen sich und fördern durch aktivierende und im Sinne des eigenverantwortlichen Lernens besonders die Kollaboration. Das klassische *Blended Learning*-Arrangement setzt sich aus folgenden Phasen zusammen:

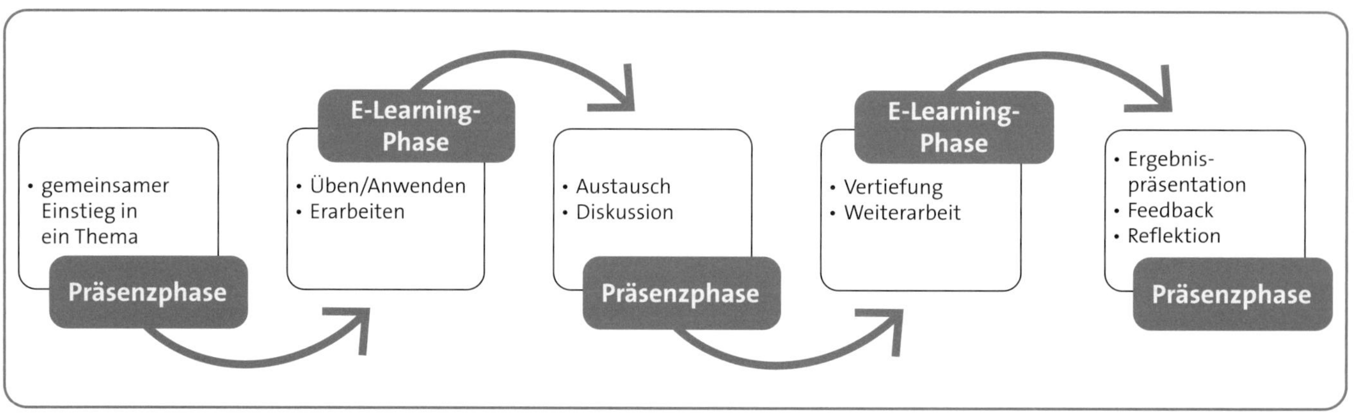

Abb. 2 | Abfolge von *Blended-Learning*-Phasen nach: Steffen Wardemann & Amelie Klinger, unterricht-digital.info/blended-learning

Hierbei können *Flipped Classroom*-Elemente besonders effektiv in der ersten Präsenzphase zum Einstieg als auch in der ersten und zweiten *E-Learning*-Phase integriert werden.

1.2 FAKTOREN FÜR EINEN ERFOLGREICHEN FLIPPED CLASSROOM

Wie bei jeder Methode bedarf es auch beim Einsatz des *Flipped Classroom* einer durchdachten Planung. Nicht zu jedem Thema passt die Methode; jede Lerngruppe benötigt andere Impulse, damit die Inhalte mithilfe der gewählten Methode effizient und effektiv vermittelt werden. Im Folgenden werden Faktoren aufgezeigt, deren Einsatz sich erfolgreich auf den Einsatz der Methode auswirken:

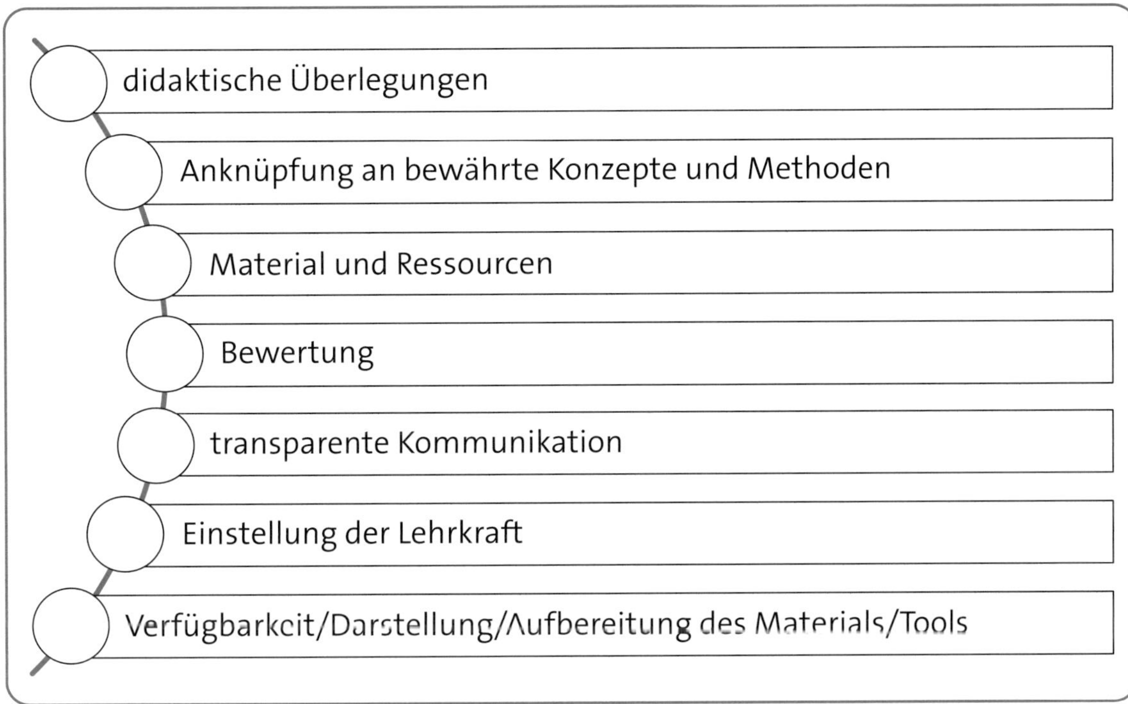

Abb. 3 | Faktoren für einen erfolgreichen *Flipped Classroom*

1.2.1 DIDAKTISCHE ÜBERLEGUNGEN/ÜBERSICHT ÜBER EINSATZMÖGLICHKEITEN

Die Vielfältigkeit der Einsatzmöglichkeiten der Methode liegt sowohl im Ablauf, in der Kombination mit anderen Methoden sowie in der Auswahl des Materials/Mediums. Dabei kann man drei Varianten ausmachen:

Classic Flip: Erklärvideo

Das klassische Erklärvideo führt einen Sachverhalt deduktiv ein und präsentiert ein Problem sowie einen oder mehrere Lösungswege.

Diese Erklärvideos eignen sich für den *(Classic) Flipped Classroom*. Dabei wird die Inputphase (Wissensaneignung) aus dem Unterricht ausgelagert und im Normalfall als Hausaufgabe aufgegeben. Es bieten sich u.a. auch analoge Informationstexte oder digitale Materialien, wie Audiobeiträge oder Bilder, an. Zum Erklärvideo erhalten die Schüler/-innen ein begleitendes Arbeitsblatt, welches sie beim Anschauen des Videos ausfüllen. In der Folgestunde vergleichen sie zunächst das Arbeitsblatt, tauschen sich mit Gruppenmitgliedern aus und stellen möglicherweise Fragen. Zur Sicherung der Ergebnisse steht den Schülern/Schülerinnen ein Lösungsblatt zur Verfügung. Danach erfolgt die Übungsphase, in der sie das neuerworbene Wissen anwenden, konsolidieren und zum Schluss auf einen neuen Bereich transferieren.

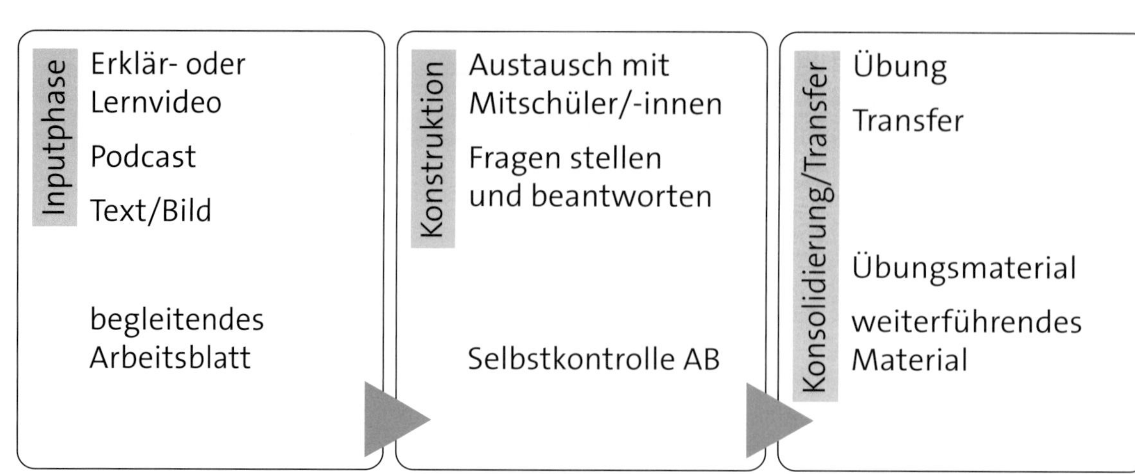

Abb. 4 | Klassisches *Flipped Classroom*-Erklärvideo

Classic Flip: aktivierendes Lernvideo

Im Unterschied zum Erklärvideo stellt ein Lernvideo einen Sachverhalt dar, ohne dabei Lösungen vorzugeben. Stattdessen wirft es eine Problemstellung auf und animiert zur aktiven Auseinandersetzung, wie es z. B. in der Videoreihe von Planet Schule *„La llegada de Sam"* zu sehen ist, das man im Internet findet, oder in authentischen Videos, wie z. B. von *National Geographic* zum *Dia de los Muertos*.

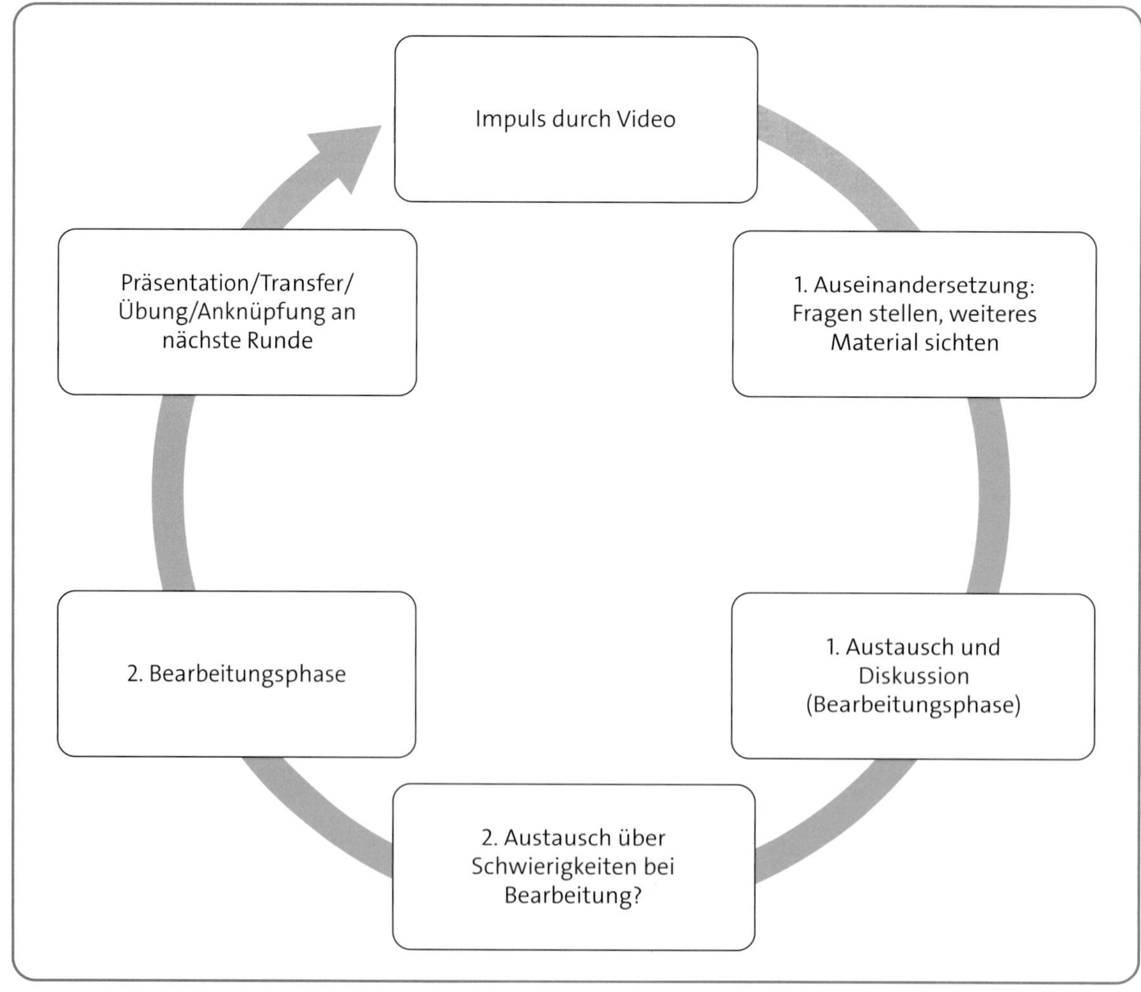

Abb. 5 | Phasierung beim Einsatz von Lernvideos im *Classical Flip*

Half-Flip

Beim ***Half-flipped Classroom*** erhalten die Schüler/-innen während oder nach dem Unterricht Unterstützung bei der Bewältigung der Aufgaben, indem die Lehrkraft Hinweise, Tipps und Ratschläge zur Umsetzung bzw. für den Lösungsweg an schwierigen Stellen zur Verfügung stellt. Auch hier bietet sich eine Bandbreite von unterschiedlichen digitalen und analogen Materialien an: von Lernvideos, Audiobeiträgen, *Lista de vocabulario/Apoyo lingüístico*-Seiten aus dem Lehrbuch bis hin zu Wortgeländern, Vokabellisten oder *Destrezas*-Seiten.

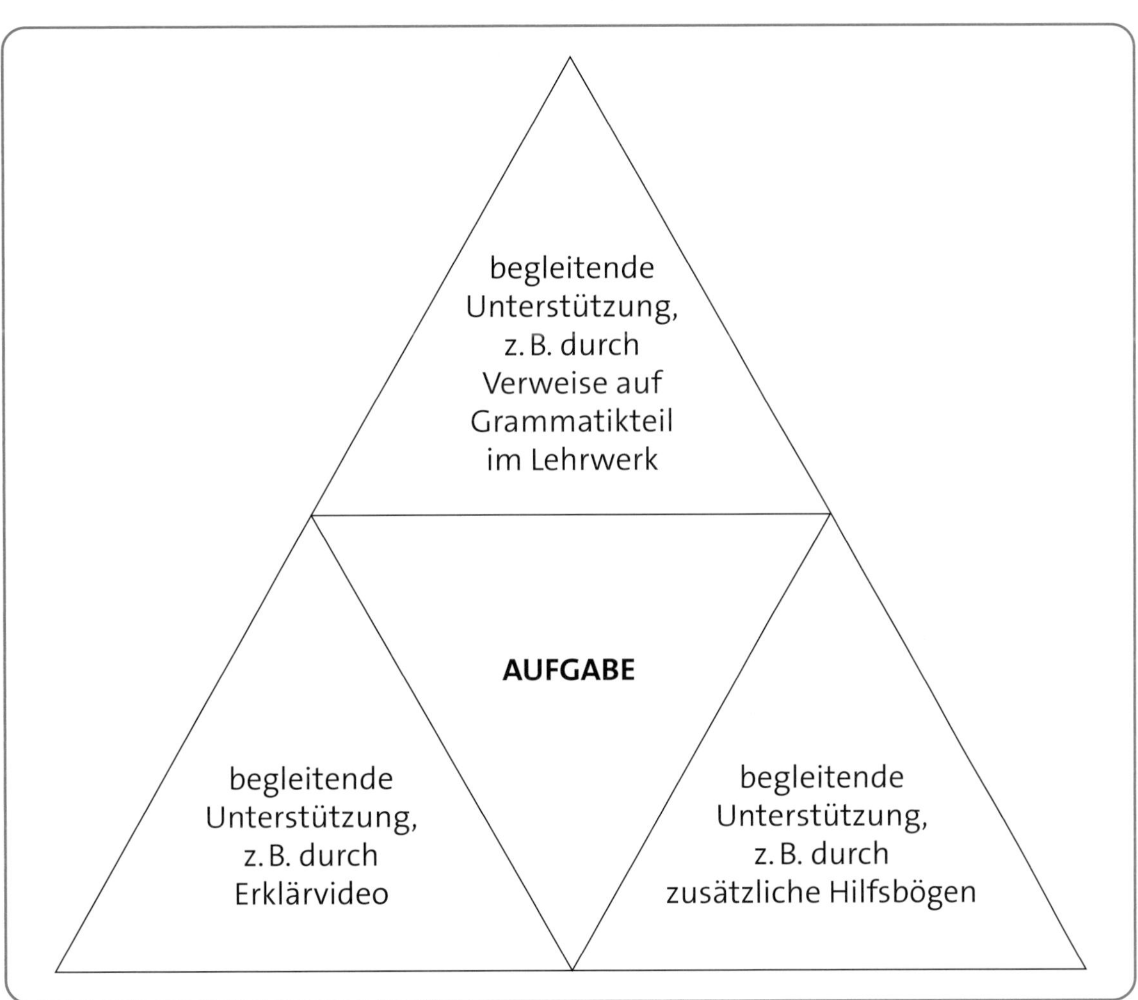

Abb. 6 | *Half-flipped Classroom*: begleitende Unterstützung

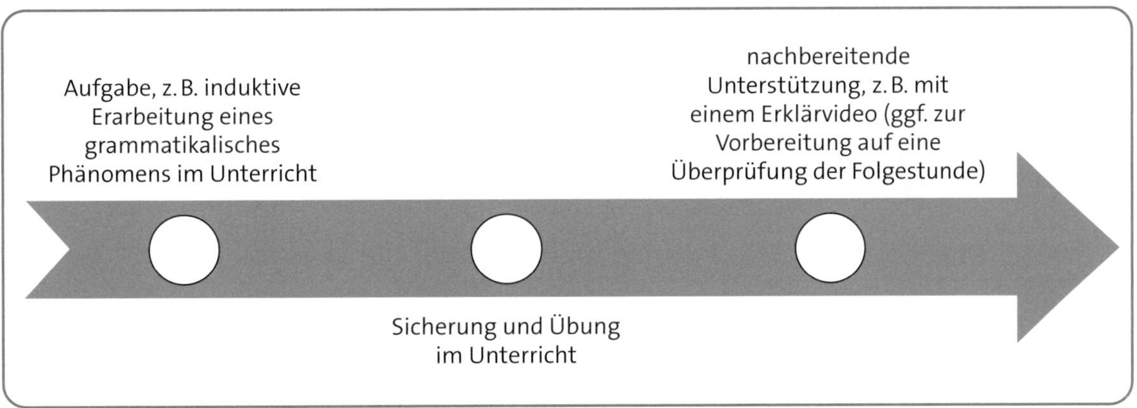

Abb. 7 | *Half-flipped Classroom*: nachbereitende Unterstützung

In-Class Flip

In einigen meiner Kurse hat die Methode *Flipped Classroom* nach einer gewissen Zeit zur Ermüdung geführt; zudem wurden bei der klassischen Variante häufiger die vorbereitenden Aktivitäten nicht erledigt, so dass ich oftmals während des Unterrichts für die unvorbereiteten Lerner/-innen einen Plan B einsetzen musste. Außerdem war die Anzahl derer hoch, die zu Hause keine technischen Möglichkeiten hatten, auf die digitalen Materialien zuzugreifen. Um mich diesen Herausforderungen zu stellen, begann ich nach Alternativen zu suchen, wie man die Methode stärker in den Unterricht integrieren kann, besonders in die Inputphase, und stieß dabei auf Barnes & Gonzalez (2015), die den sogenannten *In-Class Flip* in ihrem Unterricht einsetzten und die einzelnen Phasen in Form eines Stationenlernens anordneten.

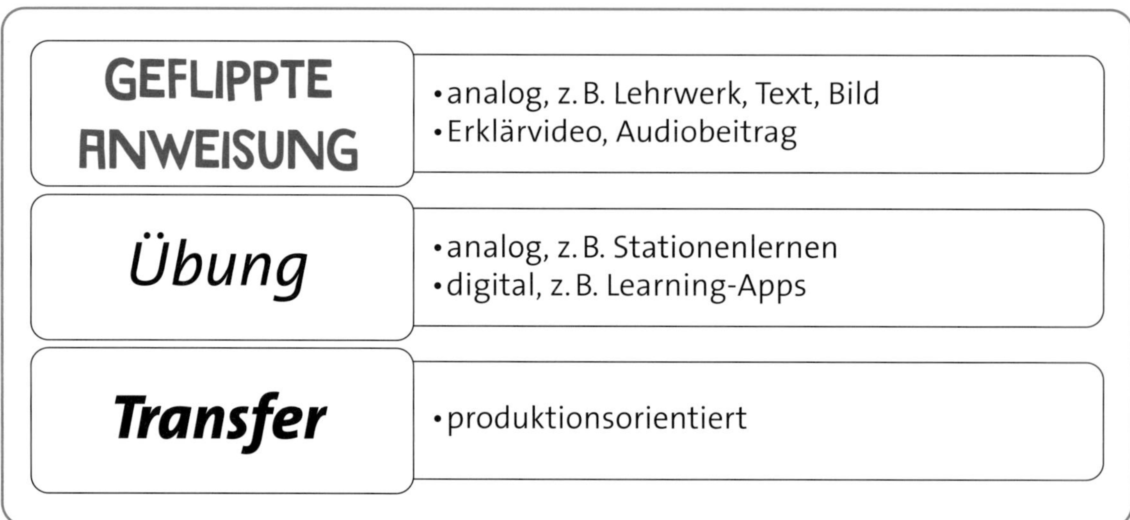

Abb. 8 | Stationen eines *In-Class Flipped Classroom*

Dabei gibt es in der Regel drei Stationen: die geflippte Anweisung, die Übung und der Transfer. Diese drei Stationen können entweder in einer vorgegebenen Reihenfolge angeordnet werden oder in einer offenen Abfolge. Es empfiehlt sich beim *In-Class Flipped Classroom*, dass die Schüler/-innen bereits mit der Methode *Flipped Classroom* vertraut sind, da besonders die offene Abfolge ein hohes Maß an Eigenverantwortlichkeit von den Lernenden abverlangt.

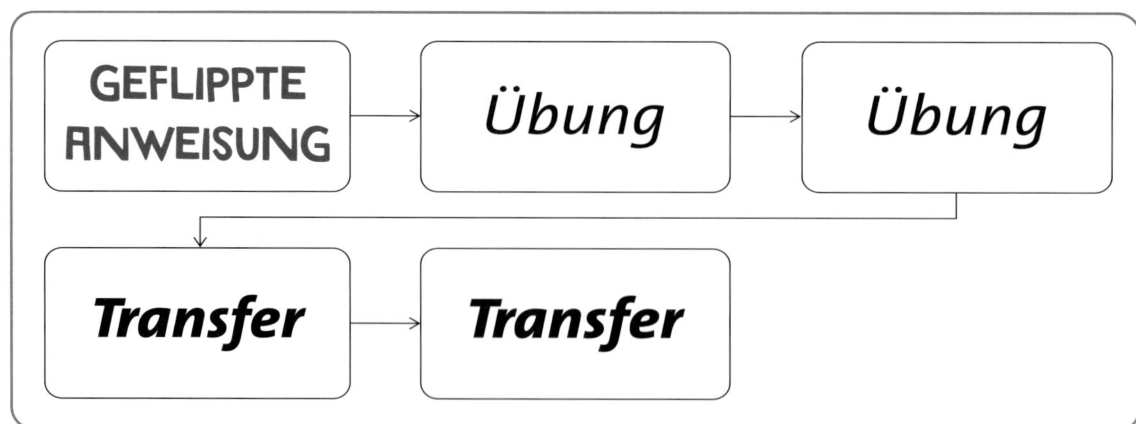

Abb. 9 | vorgegebene Abfolge eines *In-Class Flipped Classroom*

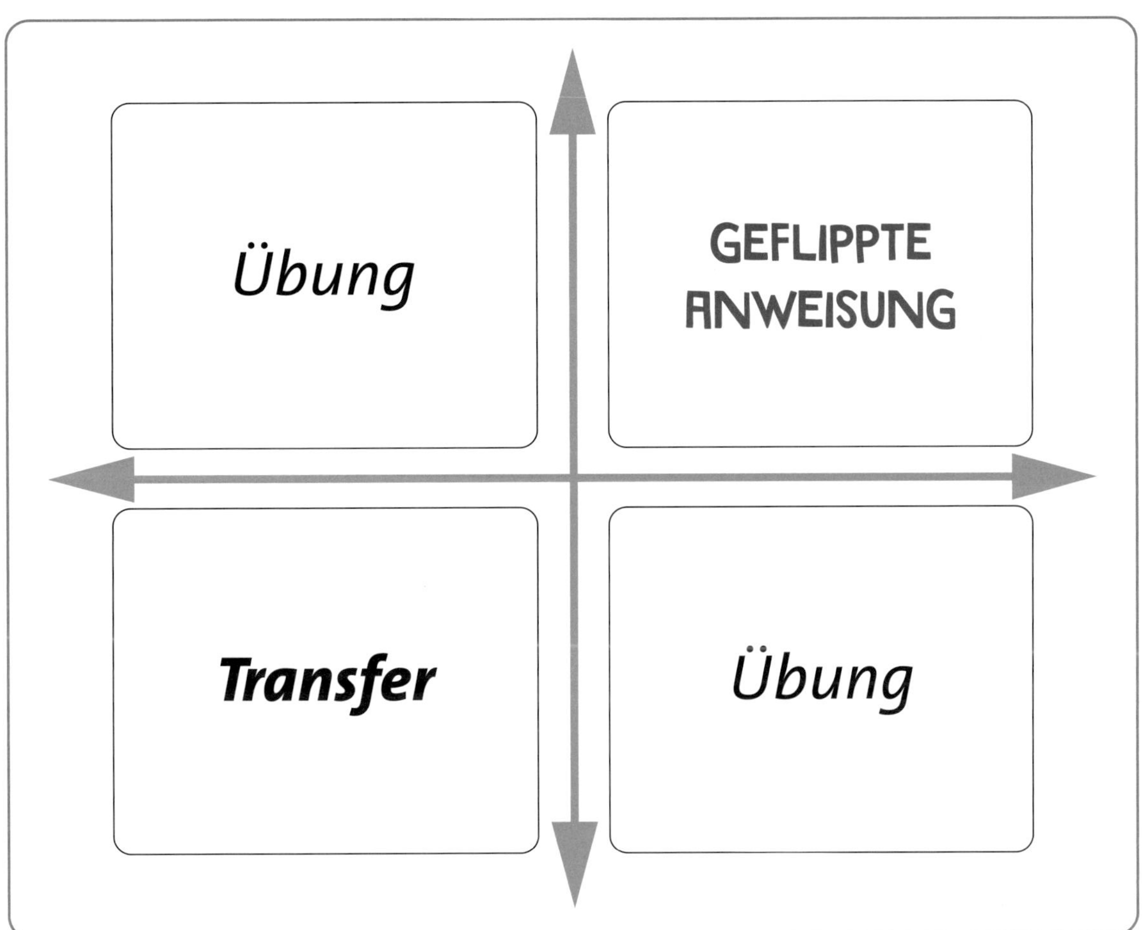

Abb. 10 | offene Abfolge eines *In-Class Flipped Classroom*

Task-based Flip

Task-Based Learning (*TBL*) orientiert sich an den Bedürfnissen der Schüler/-innen und ermöglicht echte Kommunikationssituationen. Dieser Lernansatz eignet sich besonders für den Spanischunterricht, da im Zentrum die Lernaufgabe (*tarea*) steht, die den Schülerinnen und Schülern durch offene Aufgabenstellungen eine individuelle, kreative Herangehensweise und selbstständige Lernaktivitäten – häufig in Partner- oder Gruppenarbeit – ermöglicht. Dabei regen *tasks* die Lehrkraft an, sich intensiv mit einem Sachverhalt auseinanderzusetzen, und geben ausreichend Anlass, die Sprache produktiv zu nutzen. Dabei unterscheidet man im Ansatz kommunikative Aufgaben (*tareas*) deutlich von vorkommunikativen Übungen (*ejercicios/actividades*), die im Unterricht durchaus auch ihre Berechtigung haben.

Lernaufgaben haben ihren Ort im Fremdsprachenunterricht gefunden, besonders in offenen Lernarrangements, wie sie sich für das Online- und Hybridlernen besonders eignen. Ziel ist ein finales Produkt, welches am Anfang gemeinsam mit den Lernern/Lernerinnen eingeführt und aufgezeigt wird. Um dieses Ziel zu erreichen, durchlaufen die Lernenden nun verschiedene Aufgaben, die unterschiedliche Kompetenzbereiche abdecken, die für das finale Produkt gebraucht werden. Die Aufgaben sind in situative Kontexte eingebettet und als Pakete arrangiert, die wiederum aus Übungen bestehen, wie folgende Darstellung zeigt:

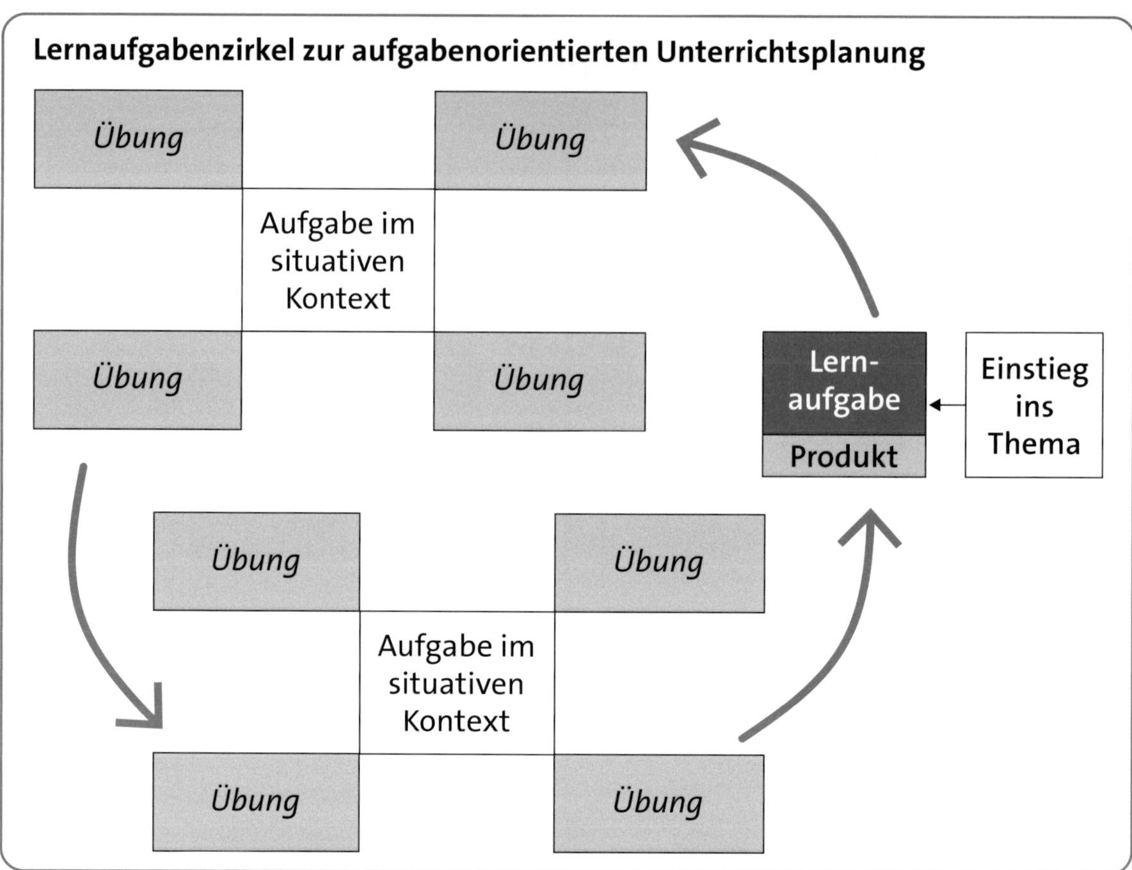

Abb. 11 | Schinke, Simone & Steveker, Wolfgang (2013): Lernaufgaben im Spanischunterricht. In: Der Fremdsprachliche Unterricht Spanisch: Lernaufgaben. Nr. 41, S. 7.

Die Methode *Flipped Classroom* kann in diesem Szenario an verschiedenen Stellen eingesetzt werden. So kann es zum Beispiel zum Einstieg ins Thema ein Lernvideo als Impuls geben, anhand dessen die Lerner/-innen die Problemfrage stellen und erarbeiten, welche Kompetenzen benötigt werden, um das finale Produkt zu erstellen:

Was muss ich können, um die Aufgabe zu lösen?

Des Weiteren können die Aufgaben in verschiedenen Varianten der Methode gestaltet werden. So kann eine Aufgabe als *In-Class Flip* mit analogen und digitalen Übungen und Materialien arrangiert werden.

1.2.2 Anknüpfung an bewährte Modelle

Bishop und Verleger sehen das Modell des *Flipped Classroom* in ihrem Bericht „*The Flipped Classroom: A Survey of the Research*" (2013, S. 3) als Kombination verschiedener Lerntheorien, welche aktives und problemlösendes Lernen in kooperativen Arbeitsformen fördert. Neben bewährten Methoden wie Kooperatives Lernen, Autonomes Lernen und Entdeckendes Lernen integrieren Szenarien der Methode *Flipped Classroom* auch eine Individualisierung und knüpfen zudem an neue Methoden wie z. B. projektorientiertes und agiles Lernen an.

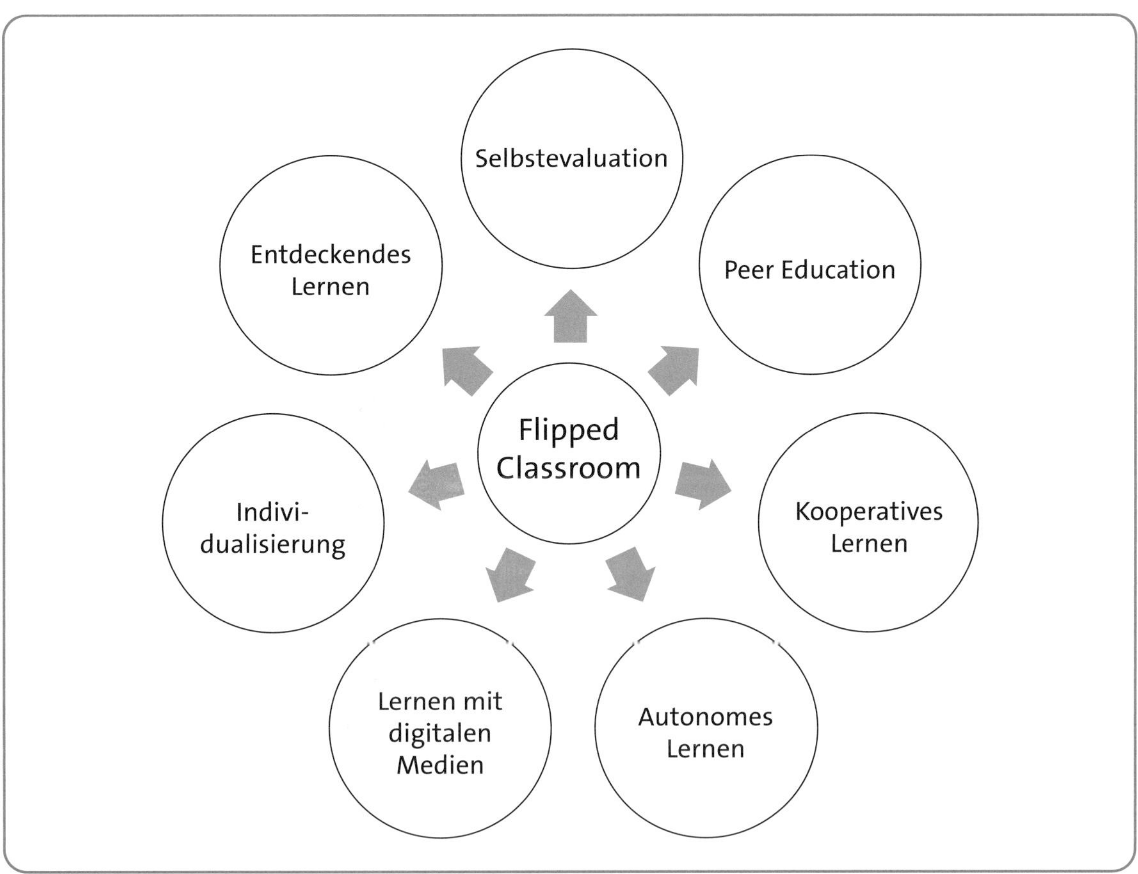

Abb. 12 | Methode *Flipped Classroom* in Kombination mit weiteren Methoden und Konzepten

Kooperatives Lernen, weil:

es sich um eine Interaktionsform handelt, bei der die Lernenden gemeinsam und in wechselseitigem Austausch Kenntnisse und Fertigkeiten erwerben. Im Idealfall sind alle Gruppenmitglieder gleichberechtigt am Lerngeschehen beteiligt und tragen gemeinsam Verantwortung. Wie in 2.1.1 an einem Beispiel dargestellt, basiert die Methode *Flipped Classroom* darauf, dass die Wissensaneignung individuell, egal ob analog oder digital, erfolgt und dass die Wissenskonstruktion erst im Austausch mit Mitschülern/Mitschülerinnen stattfindet und bereits kooperative Elemente enthält. Darüber hinaus können begleitende Arbeitsblätter zu einem Erklär- und Lernvideo so gestaltet sein, dass Partner/-in A Hilfestellungen für Partner/-in B erarbeitet und beide gemeinsam nach Erarbeitung des neuen Lerninhalts das neue Phänomen betrachten und sich gegenseitig unterstützen.

Entdeckendes Lernen, weil:

beim Einsatz von Lernvideos ein Problem mit Bezug zur Lebenswelt der Schüler/-innen aufgezeigt wird, zu dem sie eigenständig Antworten/Lösungen suchen. So können Lernvideos zum Beispiel entsprechende Fragestellungen integrieren oder eine kommunikative Situation aufzeigen, die eine neue grammatikalische Lösung erfordert, die die Schüler/-innen selbstständig erarbeiten.

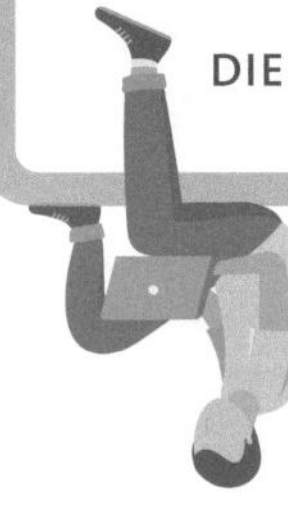

Peer Education, weil:

die Methode *Flipped Classroom* mehr Zeit und Raum für Austausch schafft, so dass die Schüler/-innen mehr Zeit haben, miteinander zu reden und sich gegenseitig zu helfen. Besonders im *Classical Flipped Classroom* wird den Schülern/Schülerinnen in der Phase der Konstruktion Zeit gegeben, um sich nach einer ersten individuellen Wissensaneignung gegenseitig zu unterstützen, indem sie Fragen beantworten und sich gegenseitig Dinge erklären können.

Selbstevaluation, weil

die Schüler/-innen stetig eine Rückmeldung erhalten, ob sie das neugewonnene Wissen so verstanden haben, dass sie es in einem neuen Kontext anwenden können. Die Schüler/-innen erhalten die Zeit, sich selbst zu bewerten und daraus rückzuschließen, was sie noch üben müssen, um neue Fertigkeiten flüssig anzuwenden. Je nach Arrangement, erhalten die Schüler/-innen dann die Möglichkeiten sich, z. B. im Rahmen des *Half-flipped Classroom*, mit dem neuerworbenen Lerninhalt mittels eines Erklärvideos nochmals auseinanderzusetzen.

Im Rahmen des klassischen *Flipped Classroom* kann zum Beispiel die Erarbeitung eines grammatikalischen Phänomens mit einem Erklärvideo und einer auszufüllenden Grammatikübersicht kombiniert werden, deren Lösung mit einem Lösungsblatt verglichen wird. Auch die Erklär- und Lernvideos können interaktive und/oder gamifizierende Elemente beinhalten, zum Beispiel mithilfe von Programmen wie *H5P*, *Quizlet*, *Learning Snacks* oder *Learning Apps*, mit deren Hilfe Schüler/-innen direktes Feedback zu ihrem Lernstand erhalten.

Lernen mit digitalen Medien, weil

die Methode des *Flipped Classroom* sowohl analoge und digitale Medien integriert und miteinander verzahnt. Im Hinblick auf Anforderungen an digitalen Kompetenzen lernen die Schüler/-innen unter anderem „digitale Werkzeuge und Medien zum Lernen, Arbeiten und Problemlösen (zu) nutzen“ (vgl. KMK Digitale Bildung, S.18).

Individualisierung, weil

Befürworter der Methode stellen heraus, dass die Lernerautonomie gefördert wird, weil sich Lerner/-innen entsprechend ihres Lerntempos den Inhalt mithilfe des Erklär- und Lernvideos aneignen können. Darüber hinaus verspricht die Methode individualisierte und lernerzentrierte Präsenzphasen, in denen Lerner/-innen kollaborativ die selbstständig erarbeiteten Inhalte diskutieren und verinnerlichen können.

1.2.3 MATERIAL UND RESSOURCEN

Der *Classical Flipped Classroom* basiert auf der Idee, dass Lerninhalte ausgelagert werden und in Form von kurzen Erklär- und Lernvideos, die über YouTube oder ein Lernmanagementsystem zugänglich gemacht werden. Auch analoge Medien wie Texte, Fotos, Seiten aus dem Lehrwerk eignen sich für den Einsatz. Besonders für den Fremdsprachenunterricht lassen sich hier authentische Materialen in der Zielsprache mit entsprechenden *Scaffolding*-Elementen einbinden.

Erklärvideo ist nicht gleich Erklärvideo

Wurden beim anfänglichen Einsatz der Methode Erklärvideos eingesetzt, so differenzieren viele Befürworter der Methode ihren Einsatz zwischen Erklärvideos und Lernvideos. Beide Formen haben ihre Berechtigung, fordern allerdings unterschiedliche Arrangements, da sie zwei unterschiedliche Zielorientierungen haben.

Laut Claudia Langknickel und Reinhard Schmidt (2020) grenzen sich Lernvideos darin ab, dass sie „nicht die Lösungen vorgeben oder Lösungswege erklaren, sondern einen Impuls oder eine Problemstellung aufwerfen und zur aktiven Auseinandersetzung verführen". So eignen sich Lernvideos für den klassischen *Flipped Classroom* oder *In-Class Flip*, da sie ein Problem aufwerfen und somit einen Impuls setzen, durch den die Lernenden motiviert sind, das Thema zu definieren, Fragen zu stellen und Antworten finden wollen. Beim *Half-Flipp* hingegen dienen Erklärvideos gut zur Unterstützung, um z. B. die Bildung einer grammatikalischen Form noch einmal zu wiederholen.

Fremdmaterial oder Eigenmaterial?

Ähnlich wie bei allen Methoden beinhaltet auch die Methode *Flipped Classroom* die Suche nach passendem Material. Wenn man sich für Fremdmaterial entscheidet, helfen die auf Seite 18 dargestellten Kriterien zur Bewertung von Erklär- und Lernvideos, die man schnell abarbeiten kann. Ebenfalls müssen Fragen zum Urheberrecht und Datenschutz bedacht werden.

> *„Das Urheberrecht regelt die Beziehung, genauer, das rechtlich zu bestimmende Verhältnis – zwischen dem Urheber als Schöpfer eines Werkes, dem Werk selbst, den sog. „Intermediären" wie z. B. Verlagen und den Nutzern" (König&Weller, 2018, S. 34).*

Im pädagogischen Kontext muss man sich mit zwei Situationen auseinandersetzen: „bereits vorliegende digitale Medien [werden] als Fremdproduktionen genutzt (z. B. über Mediendistributionsplattformen der Landesinstitute, über kommerzielle Plattformen wie YouTube, Vimeo) [...] oder als Eigenproduktionen von Lehrenden und/oder Lernenden selbst erstellt" (ebd.). Für beide Situationen gilt, dass sich Nutzer/innen mit urheber- bzw. lizenzrechtlichen Fragestellungen auseinandersetzen lernen müssen.

Entscheidet man sich für die Produktion eines eigenen Videos, müssen genannte Aspekte bedacht werden sowie ein besonderes Augenmerk auf das Urheberrecht gelegt werden, da man als Produzent Verantwortung für mögliche Verletzungen des Urheberrechts übernehmen muss. Ebenso ist wichtig, unter welcher Lizenz man das Material veröffentlicht.

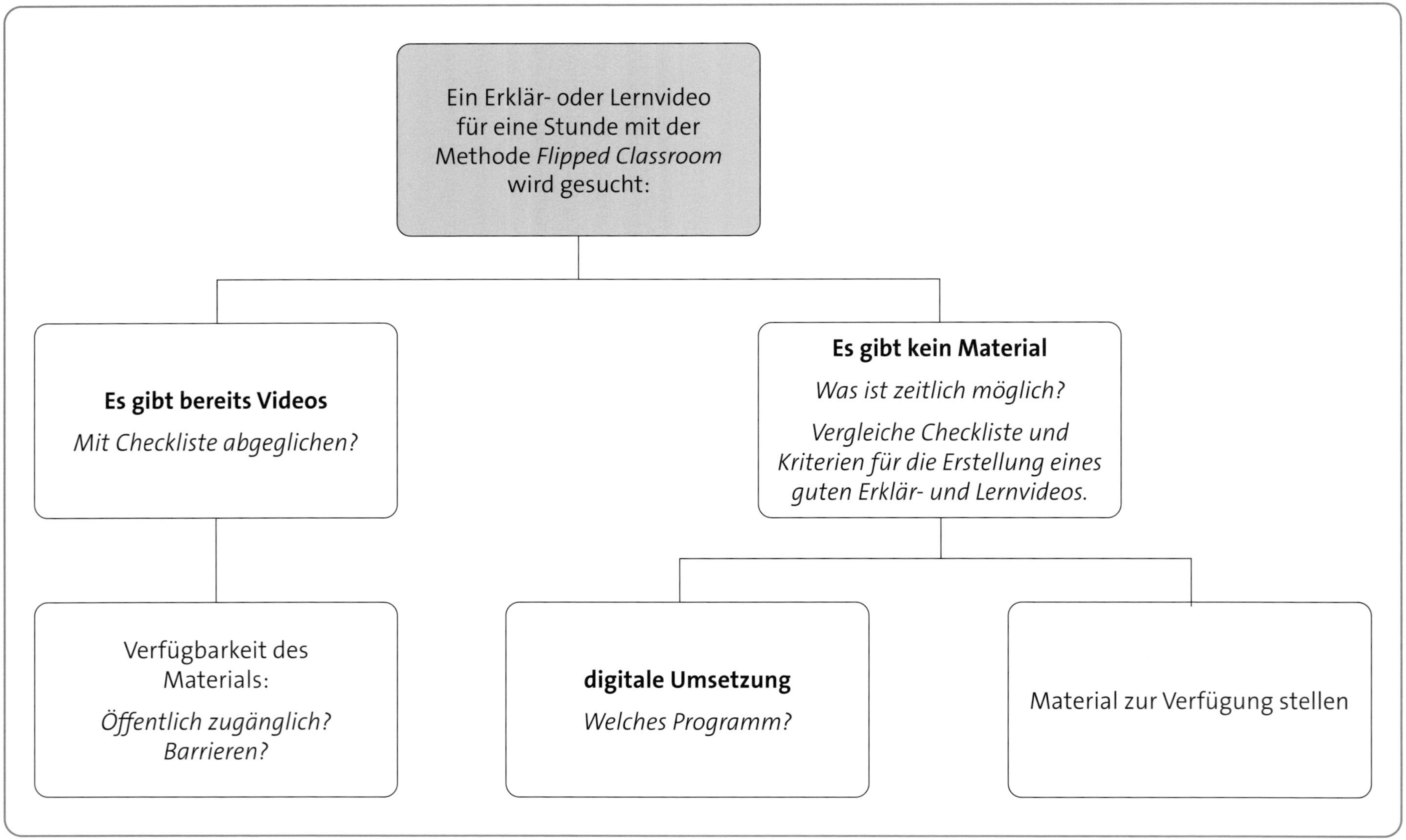

Ein Erklär- oder Lernvideo für eine Stunde mit der Methode *Flipped Classroom* wird gesucht:

- **Es gibt bereits Videos**
  Mit Checkliste abgeglichen?
  - Verfügbarkeit des Materials:
    Öffentlich zugänglich? Barrieren?
- **Es gibt kein Material**
  Was ist zeitlich möglich?
  Vergleiche Checkliste und Kriterien für die Erstellung eines guten Erklär- und Lernvideos.
  - **digitale Umsetzung**
    Welches Programm?
  - Material zur Verfügung stellen

Abb. 13 | Zu beachtende Schritte bei Eigen- und Fremdmaterial (Videos)

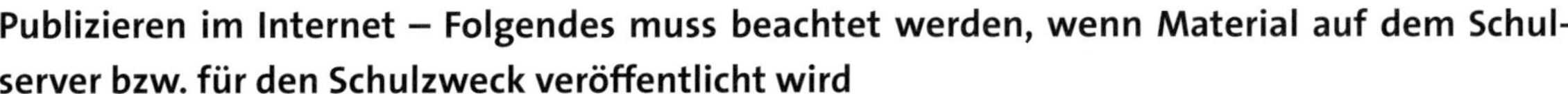

Publizieren im Internet – Folgendes muss beachtet werden, wenn Material auf dem Schulserver bzw. für den Schulzweck veröffentlicht wird

Schritte	Erledigt?
Habe ich von allen, die mitgewirkt haben, eine Einverständniserklärung zur Veröffentlichung des Materials?[1]	
Habe ich bei meinen Bildern und verwendeter Musik das Urheberrecht beachtet?	
Habe ich lizenzfreies Material von Material mit Urheberrechten unterschieden? ► Vgl. Lizenzmodelle	
Hab ich darauf geachtet, möglichst lizenzfreie Musik/Bilder zu verwenden?	
Habe ich alle Quellen angegeben?[2]	
Habe ich alle Urheberrechte angefragt? ► Anfrage an Urheber/Autor mit Bitte um Freigabe ► Falls Urheber nicht einwilligen, Material ersetzen durch lizenzfreies Material	
Habe ich mein fertiges Material mit einer entsprechenden Lizenz versehen?[3] ► Vgl. Lizenzmodelle	

[1] Achtung: Alle unter 18-Jährigen brauchen zusätzlich das Einverständnis der Erziehungsberechtigten! Die Einwilligung der Schüler/-innen erlischt, sobald diese die Schule verlassen haben. Daher müssen die Einwilligungserklärungen bei Verlassen der Schule aktualisiert werden oder das Material muss aus dem Netz genommen werden.

[2] Achtung: Nennen Sie auf Ihrer Homepage oder der Schulhomepage in Texten nicht die vollen Namen der am Material Beteiligten, wenn es sich vermeiden lässt. Wenn die Namen im Abspann genannt sind, reicht das völlig aus. Der Vorteil: Die Schüler/-innen sind nicht über Suchmaschinen zu finden, wenn sie ausschließlich im Filmabspann, also im Film selbst, genannt sind.

[3] WICHTIG: Die eigene Lizenzierung gewährleistet, dass das Material nur im eigenen Sinne weiterverwendet werden darf, und muss irgendwo kenntlich gemacht werden: Anfangsfolie, Abspann, Verlinkung, Beschreibung Bilder

Kriterien für ein gutes Erklärvideo

	Merkmal	Erläuterung	Einstufung
1	Minimalistisch	Die Erklärung ist sparsam im Einsatz von Effekten, aber auch von Veranschaulichungsmitteln und Exkursen zum Thema: Sie ist auf das Wesentliche konzentriert (geringer *„Cognitive Load“*).	+ –
2	Rule-Example-Strategie (deduktives Erklären)	Die Erklärung stellt zunächst das zu erklärende Prinzip vor und illustriert es danach mit Veranschaulichungswerkzeugen. Ein einleitendes Beispiel, das die Relevanz des zu erklärenden Inhalts begründet, schließt das nicht aus!	+ –
3	Adaption an den Wissensstand	Die Erklärung knüpft an Vorwissen und typische Fehlvorstellungen an.	+ –
4	Beispiele	Die Erklärung verwendet Beispiele, an denen sich ein Prinzip als leistungsfähig erweist. Diese Beispiele stamme aus einem bekannten Phänomenbereich.	+ –
5	Modelle und Analogien	In der Erklärung wird durch Analogien oder Modelle die Übertragung des Prinzips auf einen bekannten Phänomenbereich gewährleistet.	+ –
6	Darstellungsformen	In der Erklärung werden grafische Darstellungsformen, schriftliche Repräsentationen, Gegenstände, Animationen oder Experimente gezeigt, die das Gesagte illustrieren (Multimediaprinzip).	+ –
7	Sprachebene	Die Erklärung führt neue fachsprachliche Wendungen über Alltagssprache ein. Es schließt an das Sprachniveau der Zielgruppe an.	+ –
8	Mathematisierungen	Mathematisierungen (z. B. Formeln) werden verbal kommentiert und an einem Beispiel erläutert.	+ –
9	Struktur geben	Die Erklärung gibt zu Beginn einen Ausblick auf das Thema und fasst die wesentlichen Aspekte noch einmal zusammen.	+ –
10	Relevanz verdeutlichen	Die Erklärung stellt dar, warum das erklärte Prinzip wichtig ist. Dies kann an einem Problem geschehen, zu dessen Lösung das Prinzip beiträgt oder an einem Beispiel, zu dessen Verständnis das Prinzip dienlich ist.	+ –
11	Interesse wecken	Die Erklärung verwendet Kontexte, die Interesse erzeugen (z. B. bei der Auswahl der Beispiele; eher Beispiele aus dem Alltag oder zu spektakulären Naturphänomenen).	+ –
12	Anschlussaufgabe	Die Erklärung stellt am Ende eine Verständnisaufgabe, die dazu geeignet ist, selbst mit der erklärten Information zu arbeiten.	+ –
13	Direkte Ansprache	Die Erklärung spricht die Adressatengruppe direkt an, z. B. durch regelmäßige Fragen.	+ –

Abb. 15 | Christoph Kulgemeyer (2018): Wie gut erklären Erklärvideos? Ein Bewertungsleitfaden. In: Computer + Unterricht Lernen und Lehren mit digitalen Medien (8–11). 109/2018. Seelze: Friedrich Verlag, S. 9

Kriterien für ein gutes Lernvideo

Für ein Lernvideo gibt es zusätzlich noch folgende Aspekte zu beachten:

- Ist das übergeordnete Lernziel bedeutsam für die Lernschritte?
- Ist das Lernziel aus der Perspektive der Lernenden gedacht?
- Impliziert die Auseinandersetzung mit dem Video Verbindlichkeit?
- Regen die Aufgaben die Kommunikation zwischen den Lernenden an?

Datenbanken für lizenzfreie Musik und Bilder (aufgerufen am 8.2.2021)

- pixabay
- pixelio
- creativecommons
- flickr
- projekt-gutenberg
- auditorix

Erstellung von eigenen Materialien

Für die Produktion von Eigenmaterial gibt es mittlerweile unterschiedliche technische Umsetzungsmöglichkeiten. Kostenfreie als auch kostenpflichtige Programme bieten für Anfänger und Fortgeschrittene Möglichkeiten, eigenes audiovisuelles Material zu produzieren. Ebenfalls gibt es zu fast allen Programmen entsprechendes Unterstützungsmaterial von Lehrern/Lehrerinnen und/oder professionellen Produktionsfirmen.

Eine Überlegung ist dabei, Programme zu wählen, die man möglicherweise auch für Produktionen aus Schülerhand verwenden kann, da man so die angeeigneten Fertigkeiten an die Schüler/-innen weitergeben kann.

So bieten sich *Screencast*-Programme an, mit deren Hilfe man digitale Präsentationen aufzeichnen und vertonen kann. Ein *Screencast*-Programm ist je nach Betriebssystem entweder bereits vorinstalliert oder kann kostenfrei erworben werden. Ein anderes Programm, welches sich für animierte Videos anbietet, ist *Powtoon*. Eine Gratisversion beinhaltet viele Features, die ausreichen, um eigene Erklär- und Lernvideos zu produzieren; für weitere Features muss ein Abonnement abgeschlossen werden. *Powtoon* basiert primär auf der Idee einer digitalen Präsentation, die aus *Slides* besteht, die man mit Elementen wie Figuren, Fotos oder Textpassagen füllen kann. Jede Folie kann mit einer Sprachaufnahme von bis zu 20 Sekunden besprochen werden. Für die kostenfreie Version besteht die Möglichkeit, das Video entweder auf dem eigenen YouTube-Kanal hochzuladen oder via eines Links zum Beispiel in einen eigenen Webblog einzubetten. Herunterladen kann man die Videos nur in der kostenpflichtigen Version. Die Videos sind uneingeschränkt über die Webseite des Programms *Powtoon* nutzbar und editierbar.

1.2.4 MOTIVATION DER LERNER/-INNEN

Eine Methode gelingt dann, wenn sie die Schüler/-innen anspricht und aktiviert, sie in ihrer Organisation unterstützt und sowohl fördert als auch fordert. Bei der Methode *Flipped Classroom* ist häufig zu beobachten, dass der Einsatz von audiovisuellem Material zu Beginn zu einer Steigerung der Motivation führt, die dann aber nach einiger Zeit sinken kann, was auf verschiedene Gründe zurückzuführen ist, z. B. auf eine Eintönigkeit im Lernarrangement oder darauf, dass die Schüler/-innen erkennen, dass die Methode anspruchsvoll und fordernd ist und nicht nur ein reines Anschauen von Videos beinhaltet. Um dieser Ernüchterung zu begegnen, können folgende Maßnahmen helfen:

- eine gute Vorbereitung der Schüler/-innen – wenigstens einen Tag im Voraus
- eine Überprüfung in der Austauschphase, z. B. in Form eines Quiz mit Kahoot (so hat man einen kooperativen Ansatz) oder Pub Quizz
- Verbindlichkeit im Aufgabenarrangement, z. B. arbeitsteilige Vorbereitung durch unterschiedliches Material, welches notwendig ist, um die anschließende Aufgabe zu bewältigen
- Anknüpfung an Lebensweltbezug

Interaktive Elemente

Um Schüler/-innen beim Prozess der Wissensaneignung zu unterstützen und das passive Konsumieren zu vermeiden, können Videos interaktiv bearbeitet werden. Programme wie *H5P* oder *Edpuzzle* bieten sich zur Nachbearbeitung von Videos an. Bei dem Programm *Edpuzzle* können Videos auf die gewünschte Länge gekürzt werden, so dass man den Lernern/Lernerinnen zum Beispiel nur die Auszüge eines Videos zur Verfügung stellt, die einen interessanten Impuls beinhalten, ohne schon den Lösungsweg vorwegzunehmen. Anschauliches Erklärvideo dazu findet man online.

Einführung in die Methodik „Umgang mit Erklärvideos“

Es empfiehlt sich, eine Einführungsstunde in die Arbeit mit einem Erklärvideo einzuplanen, da die Lerner/-innen zwar im privaten Umfeld Erklärvideos schauen, diese aber eher passiv konsumieren. Das produktive Arbeiten mit einem Erklärvideo muss ihnen, wie jeder andere Umgang mit Texten, gezeigt und von ihnen geübt werden. Damit die Aufmerksamkeit auf der Methode und nicht auf dem Inhalt liegt, empfiehlt sich folgendes Beispiel, welches fachunabhängig eingesetzt werden kann. In diesem Beispiel üben die Schüler/-innen mithilfe eines Videos über einen Papierflieger die Arbeit mit einem Erklärvideo. Dazu wird lediglich ein Video aus dem Internet benötigt, welches das Bauen eines Papierfliegers zeigt.

1. Im Plenum

Schaue wir uns gemeinsam das Video an. Im Anschluss baut jeder für sich den Flieger nach.

2. Einzelarbeit

Schaue dir nun noch einmal das Video alleine an und versuche den Flieger nachzubauen.

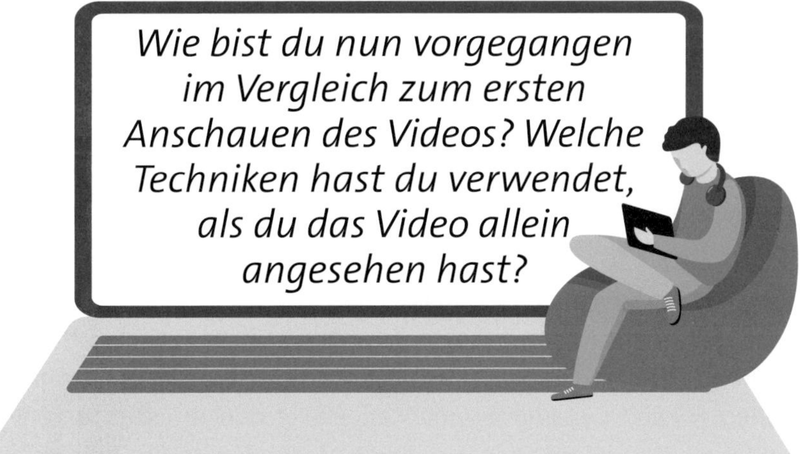

3. Partnerarbeit

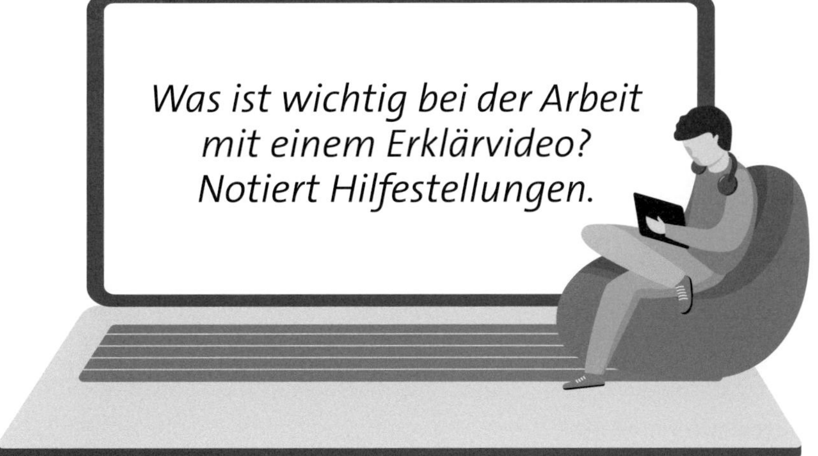

1.2.5 BEWERTUNG

Eine häufige Frage, die sich bei jeder offenen Lernmethode stellt, ist die Frage nach der Leistungsbewertung. Offene Lernarrangements scheinen eigentlich im Kontrast zum konservativen Notensystem zu stehen. Diesem Zwiespalt kann man begegnen, indem man einzelne Phasen als bewertungsfrei und -relevant bezeichnet. So bietet es sich zum Beispiel an, die Austauschphase im *Classical Flip* bewertungsfrei zu lassen, da es sich um einen reinen Austausch nach der ersten Auseinandersetzung mit einem neuen Lerninhalt handelt, währenddessen die Schüler/-innen noch Fragen stellen können, was sie sich gegenüber der Lehrkraft vielleicht nicht trauen. Es vermittelt ein Gefühl der Sicherheit, wenn sie im geschützten Rahmen ein Feedback zu ihren ersten Ideen erhalten. Dennoch sollte man sich mit den Schülern/Schülerinnen auf Maßnahmen einigen, wenn ein/-e Schüler/-in unvorbereitet zum Unterricht erscheint.

Als „Vorwarnung“ können bewertungsrelevante Phasen angekündigt werden. In der Präsenzphase, zum Beispiel während des Übens, können konkrete Ziele gesetzt werden, die dem Schüler/der Schülerin zeigen, dass die Anzahl und/oder Komplexität der entsprechenden Aufgaben im Zusammenhang mit Noten stehen; dafür bieten sich u.a. Meilensteine an: „Meilenstein 1 (Aufgabe 1 + 2) entspricht der Note 4, Meilenstein 2 (Aufgabe 1 + 2 + 3 + 4) entspricht der Note 3/2 etc.“ – je mehr Aufgaben (und dabei noch komplexere) korrekt ausgeführt werden, umso höher ist die Noteneinstufung. Bei Arrangements im Rahmen des *In-Class Flipped Classroom* oder des aufgabenorientierten *Flipped Classroom* kann mithilfe eines Laufzettels festgehalten werden, was und in welcher Intensität bearbeitet wurde, was mit in die Bewertung für das anschließende Produkt einfließt. Beim *Half-Flip* können Schüler/-innen auch präsentieren, welche Hilfsmittel sie aufgegriffen haben und ob sie hilfreich waren. Es widerspricht sich also nicht, neben der Bewertung von Lernergebnissen auch Phasen des Lernprozesses zu bewerten, wenn man Elemente auswählt, die für den/die Schüler/-in wichtig und gut darstellbar sind.

1.2.6 ROLLE DER LEHRKRAFT

Bei der Methode *Flipped Classroom* liegt die Verantwortung der Lehrkraft in der Auswahl der passenden *Flipped Classroom*-Varianten sowie den integrierten Medien; demzufolge nicht mehr oder nicht weniger als bei anderen Methoden. In der Präsenzphase im Unterricht wird jedoch von der Lehrkraft verlangt, den Unterricht weniger zu leiten, sich zurückzunehmen, aber dennoch präsent und ansprechbar zu sein. Sie beobachtet, diagnostiziert Lernprozesse und sammelt bereits Daten für die Folgestunden. Dabei erhöht sich die Zeit für die individuelle Betreuung und Fragen werden gezielter, so dass eine geflippte Stunde nicht weniger Redezeit für die Lehrkraft bedeutet, allerdings weniger im Frontalstil. Neben der Veränderung des eigenen Unterrichts kann man durch diese bekannte, aber dennoch immer noch wenig verbreitete Methode mit vielen Lehrkräften in Kontakt zu treten, die in diesem Bereich aktiv sind. So findet man zum Beispiel auf folgenden Austausch-Portalen Anregungen:

- flippedlearning
- flippedmathe
- flglobal
- twitterlehrerzimmer

1.2.7 VERFÜGBARKEIT/DARSTELLUNG/AUFBEREITUNG DES MATERIALS

Die Präsentation einer geflippten Einheit geht mit einer erweiterten Darstellung des Materials einher, da eine Stunde und/oder Einheit mit der Methode *Flipped Classroom* nicht immer fest vorgegeben, sondern spontan gestaltet ist. *Advance Organizer* sowie weitere Tools eignen sich für eine übersichtliche Darstellung. Folgende Tabelle zeigt einige Tools, die ich häufig im Zusammenhang mit der Methode *Flipped Classroom* einsetze:

Tool	Funktion
TaskCards	Darstellung von *Advance Organizer* Sammlung von Material zur Unterstützung (mit Verweis auf dem Arbeitsblatt)
Genial.ly	Darstellung von *Advance Organizer*
Prezi	Darstellung von *Advance Organizer* Erstellung von digitalen Präsentationen: ▶ als Input im *Classical Flip* ▶ als Vorlage für ein Erklär- und Lernvideo
H5P	Bearbeitung von Videos mit interaktiven Elementen
Vocaroo.com	Browserbasierter Audio Recorder
Etherpad	Kollaboratives Schreibtool: ▶ zur Organisation von Projektarbeiten ▶ zur Präsentation von Gruppenergebnissen
Mentimeter *Kahoot* *Plickers* *LearningApps*	Programm zur Durchführung von Quizzen/Abfragen: ▶ als Einstieg in der Austauschphase beim *Classical Flip* ▶ als freiwillige Station im *In-Class Flip*
tricider	Browserbasiertes Programm zur Sammlung von Argumenten für eine Diskussion

Abb. 16 | Übersicht von Tools

2 EINSATZ-MÖGLICHKEITEN IM UNTERRICHT

Die folgenden Beispiele zeigen, wie die Methode zur Förderung verschiedener Kompetenzen eingesetzt werden kann. Die Übersicht zu Anfang zeigt, in welchem Rahmen das Material eingesetzt werden kann. Darüber hinaus zeigt der didaktische Hinweis Möglichkeiten auf, wie das entsprechende Material entweder als *(Classical) Flipped Classroom*, *Half-Flipped Classroom* oder *In-Class Flipped Classroom* eingesetzt wird. Einige Beispiele zeigen ebenfalls die Möglichkeit, wie auch das Arbeitsblatt differenziert werden kann. Dieses ist dann in den zwei Niveaustufen „*Basic*" und „*Challenge*" kenntlich gemacht.

2.1 VARIANTE CLASSICAL FLIP

Flipped Classroom eignet sich bei Prozessen der Spracharbeit. Hierbei ist besonders zu beachten, ob die Methode zur Unterstützung des Sprachlernprozesses (z. B. durch Erklärvideos) eingesetzt wird oder ob die Methode in Anlehnung an die Prinzipien des entdeckenden Lernens eingesetzt wird (z. B. mit aktivierenden Lernvideos als Impulse).

2.1.1 BEISPIEL 1: UNTERSTÜTZUNG IM SPRACHLERNPROZESS (GRAMMATIK)

Thema:	*El préterito imperfecto*
Material:	Erklärvideo + begleitendes Grammatikblatt Ein passendes Video ist mit den Suchbegriffen *„verbos regulares"*, „Verbkonjugationen Spanisch" auf Videoportalen zu finden.
Technik:	Internetzugang, Computer, Smartphone

Didaktischer Hinweis

Differenzierung

Das Arbeitsblatt kann mit zwei Differenzierungsstufen bearbeitet werden: Die erste Aufgabe ist für alle Schüler/-innen; die zweite Aufgabe kann von Leistungsstärkeren als zusätzliche Aufgabe bearbeitet werden, um sie dann den Leistungsschwächeren zu erklären. Die zusätzliche Aufgabe wird mit einem Sternchen markiert und sollte im Vorfeld im Plenum erörtert werden.

Classical Flip

Zur Vorentlastung des Lehrbuchtextes, in dem das grammatikalische Phänomen thematisiert wird, erarbeiten sich die Schüler/-innen den Gebrauch und die Bildung des Phänomens.

Half-Flip

Das Arbeitsblatt kann als Wiederholungselement für die Erarbeitung des kontrastiven Gebrauchs von *pretérito indefinido* und *pretérito imperfecto* dienen.

In-Class Flip

Das Arbeitsblatt kann als Material für eine Station dienen, an der die Schüler/-innen den Gebrauch und die Bildung der Grammatikform wiederholen, zum Beispiel um ein Märchen zu schreiben.

Didaktische Reserve

Alternativ kann das Arbeitsblatt mithilfe des Grammatikteils aus dem Lehrwerk vervollständigt werden.

Im *Classical Flip* kann der 2. Teil des Arbeitsblattes als Grundlage für den Austausch in der Austauschphase dienen.

Ebenfalls kann hier eine spielerische Überprüfung mit *Kahoot* oder *Plickers* anknüpfen.

AB

Name: Klasse: Datum:

1 *Mira el vídeo y completa las formas de los verbos del pretérito imperfecto.*

	hablar	**tener**	**dormir**
yo			
tú			
él, ella, usted			
nosotros/-as			
vosotros/-as			
ellos, ellas, ustedes			

**Completa la tabla con los verbos irregulares.*

	ser	**ir**	**ver**
yo			
tú			
él, ella, usted			
nosotros/-as			
vosotros/-as			
ellos, ellas, ustedes			

2 *Wann benutzt man das **pretérito imperfecto**? Was drückt diese neue Zeit aus?
Kreuze an, welche Aussage richtig ist:*

1. Das *pretérito imperfecto* beschreibt einmalige Ereignisse in der Vergangenheit. ☐
2. Das *pretérito imperfecto* drückt Beschreibungen in der Vergangenheit aus. ☐
3. Es beschreibt kurze, aufeinander folgende Handlungen. ☐
4. Es beschreibt parallel laufende Handlungen in der Vergangenheit. ☐
5. In Erzählungen beschreibt das *pretérito imperfecto* den Hintergrund und die Umstände einer Handlung. ☐
6. Es wird bei Zustandsbeschreibungen benutzt. ☐
7. Das *pretérito imperfecto* wird bei regelmäßig wiederkehrenden Handlungen benutzt. ☐

SOLUCIÓN

1 *Mira el vídeo y completa las formas de los verbos del pretérito imperfecto.*

	hablar	tener	dormir
yo	*hablaba*	*tenía*	*dormía*
tú	*hablabas*	*tenías*	*dormías*
él, ella, usted	*hablaba*	*tenía*	*dormía*
nosotros/as	*hablábamos*	*teníamos*	*dormíamos*
vosotros/as	*hablabais*	*teníais*	*dormíais*
llos, ellas, ustedes	*hablaban*	*tenían*	*dormían*

**Completa la tabla con los verbos irregulares.*

	ser	ir	ver
yo	*era*	*iba*	*veía*
tú	*eras*	*ibas*	*veías*
él, ella, usted	*era*	*iba*	*veía*
nosotros/as	*éramos*	*íbamos*	*veíamos*
vosotros/as	*erais*	*ibais*	*veíais*
ellos, ellas, ustedes	*eran*	*iban*	*veían*

2 *Wann benutzt man das **pretérito imperfecto**? Was drückt diese neue Zeit aus? Kreuze an, welche Aussage richtig ist:*

1. Das *pretérito imperfecto* beschreibt einmalige Ereignisse in der Vergangenheit. ☐
2. Das *pretérito imperfecto* drückt Beschreibungen in der Vergangenheit aus. ☒
3. Es beschreibt kurze, aufeinander folgende Handlungen. ☐
4. Es beschreibt parallel laufende Handlungen in der Vergangenheit. ☒
5. In Erzählungen beschreibt das *pretérito imperfecto* den Hintergrund und die Umstände einer Handlung. ☒
6. Es wird bei Zustandsbeschreibungen benutzt. ☐
7. Das *pretérito imperfecto* wird bei regelmäßig wiederkehrenden Handlungen benutzt. ☒

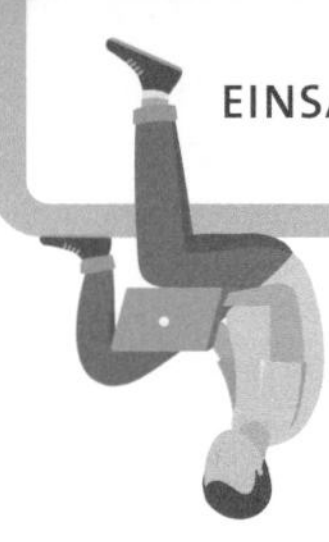

2.1.2 BEISPIEL 2: UNTERSTÜTZUNG IM SPRACHLERNPROZESS (GRAMMATIK)

Thema:	*Los verbos SER / ESTAR / HAY*
Material:	Erklärvideo + begleitendes Grammatikblatt Ein passendes Video ist mit den Suchbegriffen *„ser-estar-hay"*, auf Videoportalen zu finden.
Technik:	Internetzugang, Computer, Smartphone

Didaktischer Hinweis

Differenzierung

Das Arbeitsblatt bietet zwei Formen der Inhaltssicherung, die verschiedene Lerntypen ansprechen. Bei der *Hoja* 1 ergänzen die Schüler/-innen die Merksätze mithilfe des Erklärvideos. Dies ist eine textbasierte Form der Zusammenfassung. *Hoja* 2 hingegen bietet mit der Mindmap eine visuelle Möglichkeit der Zusammenfassung von Inhalten. Die Schüler/-innen können wählen, mit welcher Variante sie die wichtigsten Informationen des Erklärvideos festhalten.

Classical Flip

Zur Vorentlastung des Lehrbuchtextes, in dem das grammatikalische Phänomen thematisiert wird, erarbeiten sich die Schüler/-innen den Gebrauch und die Bildung des Phänomens.

Half-Flip

Das Arbeitsblatt kann als Wiederholungselement dienen, zum Beispiel bei einer Bildanalyse.

In-Class Flip

Das Arbeitsblatt kann als Material für Stationen dienen, an denen die Schüler/-innen den Gebrauch und die Bildung der Grammatikform wiederholen, um zum Beispiel ein Bild zu analysieren oder für den Anfängerunterricht ein Stadtviertel oder Zimmer zu beschreiben.

Didaktische Reserve

Alternativ kann das Arbeitsblatt auch mithilfe des Grammatikteils aus dem Lehrwerk vervollständigt werden.

Name: Klasse: Datum:

SER ESTAR HAY

Hoja 1

1 *Das Hilfsverb* ***'SER'*** *drückt in Verbindung mit Prädikatsnomen Eigenschaften oder Beschaffenheiten von Personen oder Gegenständen aus. Weise folgende Begriffe den Sätzen zu:*

Material	Größe	Farbe	Charakter	Nationalität	Beruf	Besitz

1. Miguel **ES** simpático. → ____________________
2. La casa **ES** verde. → ____________________
3. La habitación **ES** pequeña. → ____________________
4. La casa **ES** de madera. → ____________________
5. **SOMOS** alemanes. → ____________________
6. Estos **SON** mis libros. → ____________________
7. Paco **ES** piloto. → ____________________
8. Mi pueblo **ES** bonito. → ____________________

2 *Gib die fehlenden Begriffe in den Texten an.*

El uso del verbo 'ESTAR':

Das Verb ‚**ESTAR'** wird gebraucht, um einen ________________________________ oder eine Lage auszudrücken:

1) Andalucía **ESTÁ** en el sur (*Süden*) de España.
2) Los libros **ESTÁN** en la estantería.

Ferner gebrauchen wir das Verb **'ESTAR'**, um ________________________________,

wie z. B. ________________________________ auszudrücken:

1) **ESTOY** enferma (krank).
2) **ESTÁS** enfadado (verärgert).

El uso de la forma verbal 'HAY':

Die Verbform 'HAY' gebrauchen wir niemals vor dem ____________________ Artikel

oder vor Possessivpronomina, sondern vor dem ____________________ Artikel,

vor Zahlwörtern oder vor Mengenadjektiven (*mucho, poco, alguno* etc.). ‚HAY' entspricht dem

englischen ____________________ oder dem französischen ____________________.

Name: Klasse: Datum:

Hoja 2

1 *Vervollständige die Mindmap und nenne eigene Beispiele.*

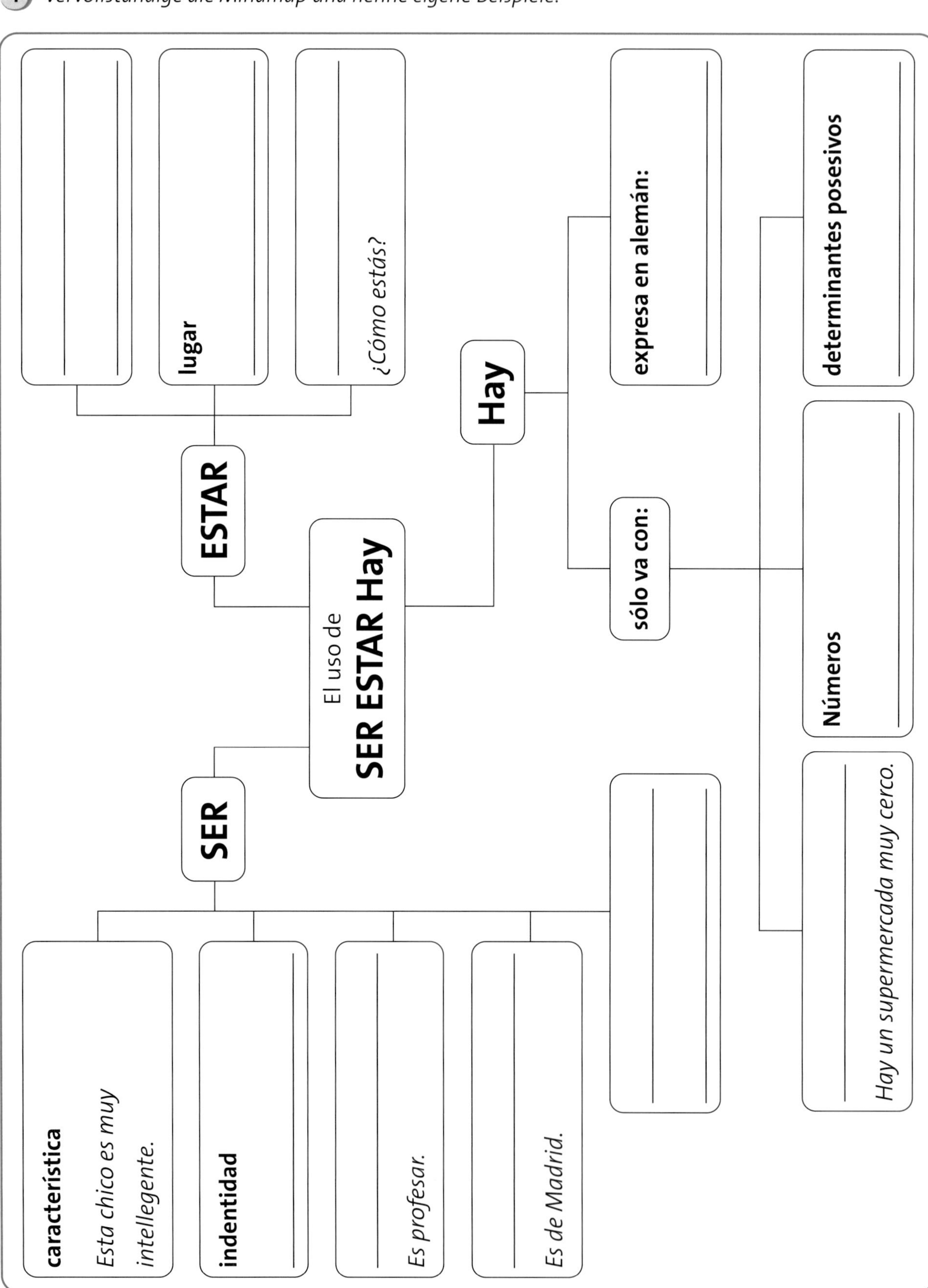

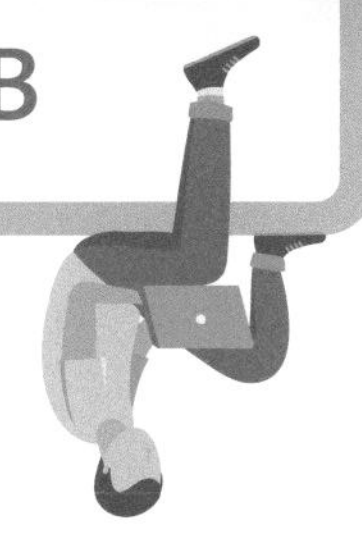

SER ESTAR HAY

Hoja 1 SOLUCIÓN

1 *Das Hilfsverb **'SER'** drückt in Verbindung mit Prädikatsnomen Eigenschaften oder Beschaffenheiten von Personen oder Gegenständen aus. Weise folgende Begriffe den Sätzen zu:*

Material | Größe | Farbe | Charakter | Nationalität | Beruf | Besitz

1. Miguel **ES** simpático. → Charakter
2. La casa **ES** verde. → Farbe
3. La habitación **ES** pequeña. → Größe
4. La casa **ES** de madera. → Material
5. **SOMOS** alemanes. → Nationalität
6. Estos **SON** mis libros. → Besitz
7. Paco **ES** piloto. → Beruf
8. Mi pueblo **ES** bonito. → Charakter

2 *Gib die fehlenden Begriffe in den Texten an.*

El uso del verbo 'ESTAR':

Das Verb ‚**ESTAR'** wird gebraucht, um einen (Stand-, Aufenthalts-) Ort oder eine Lage auszudrücken:

1) Andalucía **ESTÁ** en el sur (*Süden*) de España.
2) Los libros **ESTÁN** en la estantería.

Ferner gebrauchen wir das Verb **'ESTAR'**, um vergängliche oder veränderliche Zustände, wie z. B. Gesundheits- oder Gemütszustände auszudrücken:

1) **ESTOY** enferma (krank).
2) **ESTÁS** enfadado (verärgert).

El uso de la forma verbal 'HAY':

Die Verbform 'HAY' gebrauchen wir niemals vor dem bestimmten Artikel oder vor Possessivpronomina, sondern vor dem unbestimmten Artikel, vor Zahlwörtern oder vor Mengenadjektiven (*mucho, poco, alguno* etc.). ‚HAY' entspricht dem englischen THERE IS / THERE ARE oder dem französischen IL Y A.

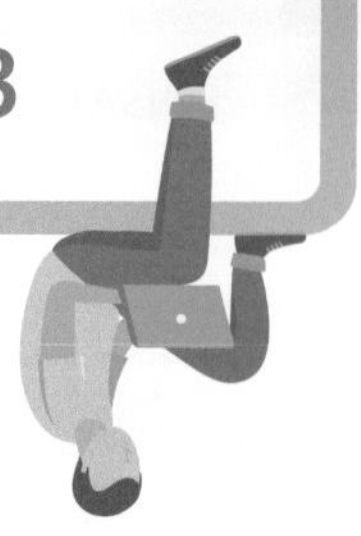

Hoja 2 **SOLUCIÓN**

1 *Vervollständige die Mindmap und nenne eigene Beispiele.*

El uso de **SER ESTAR Hay**

SER
- **característica** – *Esta chico es muy intellegente.*
- **indentidad** – *Es alemana.*
- ***profesión*** – *Es profesar.*
- ***origen*** – *Es de Madrid.*
- ***hora*** – *Es la uno y media.*

ESTAR
- ***estado*** – *Estoy cansado/a.*
- **lugar** – *Está en Madrid.*
- ***situación*** – *¿Cómo estás?*

Hay
- **expresa en alemán:** – *Es gibt/Es sind*
- **sólo va con:**
  - ______ – *Hay un supermercada muy cerco.*
  - **Números** – *Hay tres restaurantes aquí.*
  - **determinantes posesivos** – *Hay alaunos bares.*

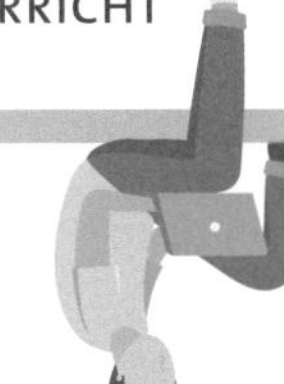

2.1.3 BEISPIEL 3: AKTIVIERENDES LERNVIDEO (WORTSCHATZ/GRAMMATIK/ INTERKULTURELLES LERNEN)

Thema:	sich vorstellen/sich beschreiben
Material:	Video über Website „Planet Schule" + Impulsfragen
Technik:	Internetzugang, Computer, Smartphone

Didaktischer Hinweis

Differenzierung

Aufgabenblätter und Übersichten zu den Themen befinden sich auf der Webseite von Planet Schule unter dem Stichwort „Unterrichtsmaterial espanol".

Classical Flip

Eignet sich zur Erarbeitung von bestimmten Grammatikphänomenen, wie *ser/ estar/hay*, reflexiven Verben, Fragen oder Hilfsverben. Die Kontextualisierung schafft Bedeutsamkeit und lässt die Erarbeitung von Grammatikphänomenen unbewusst stattfinden.

In-Class Flip

Die Arbeitsmaterialien zu dem Video bieten eine ausführliche Wiederholung der Grammatikphänomene innerhalb des 1. Lernjahres. So könnten das Video und die Aufgabe 2 und 3 Ausgangpunkt sein für eine Wiederholungsreihe mit den Arbeitsblättern als unterstützendes Material.

Didaktische Reserve

Zusätzlich und/oder alternativ zum Video kann den Schülern/Schülerinnen auch das Transkript als Textgrundlage gegeben werden.

Das Video und das Arbeitsmaterial eignen sich ebenfalls für eine Aufgabe aus dem Bereich Sprachmittlung. So könnten die anschließenden Aufgaben lauten:

Imagine que es el primer día de un alumno de intercambio de España en tu clase. Escribe una escena de un serie televisiva como "La llegada de Sam".

Name: Klasse: Datum:

1 *Mira el video y toma apuntes sobre los problemas gramaticales que tiene Sam.*

Enlace: Visita la página de web de Planet Schule y busca el video "La llegada de Sam".

Problemas gramaticales de Sam:

- ___
- ___
- ___
- ___
- ___

Ejercicios siguientes

2 *Encuentra soluciones para los problemas de Sam.*

3 *Elige un problema y explica a Sam cómo se lo hace correctamente. Recuerda que Sam es de los Estados Unidos, solo habla y entiende el inglés y el español.*

AYUDA:

- Libro de alumnos „Gramática"
- Gramática

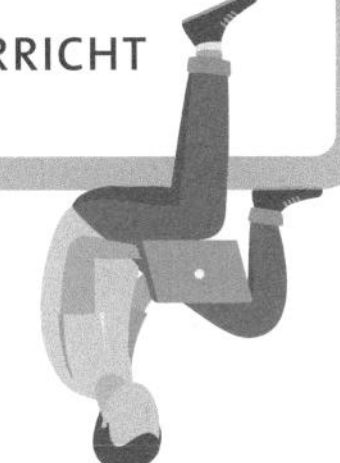

2.1.4 BEISPIEL 4: AKTIVIERENDES LERNVIDEO (INTERKULTURELLES LERNEN)

Thema:	*Día de los Muertos*
Material:	Video über Website „Planet Schule“ + Impulsfragen Video abrufbar über die Webseite Planet Schule unter dem Stichwort „dia de los muertos“. Das Material dort bietet eine erste Auseinandersetzung mit dem Thema und eröffnet weitere Aspekte, die dann selbstständig von den SuS vertiefend erarbeitet werden können.
Technik:	Internetzugang, Computer, Smartphone

Didaktischer Hinweis

Differenzierung

Aufgabenblätter und Übersichten zu den Themen finden sich auf der Webseite von Planet Schule unter dem Stichwort „Unterrichtsmaterial español“.

Classical Flip

Zur Erarbeitung von bestimmten Grammatikphänomenen, wie *ser/estar/hay*, reflexiven Verben, Fragen oder Hilfsverben. Die Kontextualisierung schafft Bedeutsamkeit und lässt die Erarbeitung von Grammatikphänomenen unbewusst stattfinden.

In-Class Flip

Die Arbeitsmaterialien zu dem Video bieten eine ausführliche Wiederholung der Grammatikphänomene innerhalb des 1. Lernjahres. So könnten das Video und die Aufgaben 2 und 3 Ausgangpunkt sein für eine Wiederholungsreihe mit den Arbeitsblättern als unterstützendes Material.

Name: Klasse: Datum:

1 *Mira el video en la página web „Planet Schule" y busca el video „El día de los muertos".*

¿De qué trata la película?
¿Cuál es el trama?

2 *Discute con un compañero / una compañera las preguntas de arriba.*

3 *Elige un aspecto del material que te interesa y prepara una breve presentación sobre el tema general de la película.*

MATERIAL:

– Libro de alumnos "Cómo hacer una presentación"

2.2 VARIANTE HALF-FLIP

Thema:	Bildanalyse
Material:	Erklärvideo + Lückentext + Strukturkarten
Technik:	Internet, Laptop, Smartphone

Didaktischer Hinweis

Das Video kann jederzeit als unterstützender Impuls eingesetzt werden. Es eignet sich ebenfalls gut nachbereitend als Methodenreflexion, nachdem im Unterricht der Lückentext vervollständigt und verglichen wurde und die einzelnen Elemente einer Bildanalyse anhand eines Beispiels im Plenum zugeordnet wurden. In der Folgestunde kann dann ein Bild als Impuls dienen, um die erworbenen oder wiederholten Fertigkeiten auf ein neues Bild zu transferieren.

Didaktische Reserve

Anstelle des Videos kann auch nur auf *Destrezas* im Lehrbuch und/oder separate Methodenblätter verwiesen werden.

Name: Klasse: Datum:

1 *Completa el análisis de una imagen con las siguientes palabras.*

en segundo plano | foto | en el centro | claros | crear un ambiente | en mi opinion

mostrar | tener aspecto de | estar | me gusta | un aspecto

Esta es una ________ con el título "Amistad" por Enrico, publicada en El País en 2018.

________ vemos a dos chicas jóvenes que ________ en un parque infantil.

________ se ve otras partes de trepadores y árboles y un río. No obstante el lugar parece ser tranquilo.

Las chicas llevan ropa moderna y de verano. Las chicas ________ estar felices y libres.o. Las dos se están enfrentando en dos columios y se están riendo.

Los colores son ________ y amables. Le dan a la foto ________ alegre porque ________ muy feliz y despreocupado. La foto ________ la situación de dos amigas jóvenes que están a punto de estar independiente de sus padres.

________ la mensaje de la foto es que los jóvenes quieren ser despreocupados aunque desean ser responsables de su vida. La foto ________ porque muestra esperanza y voluntad. Las chicas saben lo que quieren y con la ayuda de sus amigos pueden lograr todo lo que quieren.

Name: Klasse: Datum:

2 *Relata los elementos siguientes con las partes en el análisis escrito.*

Bildart ***el típo de imagen***	**Bildaufteilung** ***la composición***
Personen ***las personas***	**die Farben** ***los colores***
die Intention ***la intención***	**die Meinung** ***la opinión***

AYUDA:

– A_tope: Destrezas Schreiben 2, Eine Personenbeschreibung verfassen S. 191–192

SOLUCIÓN

1 *Completa el análisis de una imagen con las siguientes palabras.*

en segundo plano | foto | en el centro | claros | crear un ambiente | en mi opinion

mostrar | tener aspecto de | estar | me gusta | un aspecto

Tipo de imagen Esta es una *foto* con el título "Amistad" por Enrico, publicada en El País en 2018.

Composición *En el centro* vemos a dos chicas jóvenes que *están* en un parque infantil. *En segundo plano* se ve otras partes de trepadores y árboles y un un río. No obstante el lugar parece ser tranquilo.

Personas Las chicas llevan ropa moderna y de verano. Las chicas *tienen aspecto de estar* felices y libres. Las dos se están enfrentando en dos columios y se están riendo.

Colores Los colores son *claros* y amables. Le dan a la foto un aspecto alegre porque *crean un ambiente* muy feliz y despreocupado. La foto *muestra* la situación de dos amigas jóvenes que están a punto de estar independiente de sus padres.

Intención/Opinión *En mi opinión* la mensaje de la foto es que los jóvenes quieren ser despreocupados aunque desean ser responsables de su vida. La foto *me gusta* porque muestra esperanza y voluntad. Las chicas saben lo que quieren y con la ayuda de sus amigos pueden lograr todo lo que quieren.

2.3 VARIANTE IN-CLASS FLIP

Thema: *El presente continuo*

Material:	Erklärvideo + Arbeitsblätter + Übungsblätter
Technik:	Internet, WLAN, mehrere Laptops

Didaktischer Hinweis

Bei dieser Variante können sich die Schüler/-innen an verschiedenen Stationen das Grammatikphänomen erarbeiten. Dies kann chronologisch ablaufen oder offen. Bei der chronologischen Variante muss bedacht werden, dass das Erklärvideo auf dem AVIVA-Ansatz im Lerntagebuchblog beruht, so dass am Anfang des Videos aufgezeigt wird, welches Vorwissen aktiviert werden sollte, um die folgenden Erklärungen nachvollziehen zu können. Die Anknüpfungen können in der Variante des *In-Class-Flip* gut aufgegriffen werden, so dass zum Beispiel eine Station die Konjugation des Verbs *estar* thematisiert. Dies kann mithilfe eines Erklärvideos oder analogem Material (Referenz zum Lehrwerk oder Grammatikblättern) geschehen.

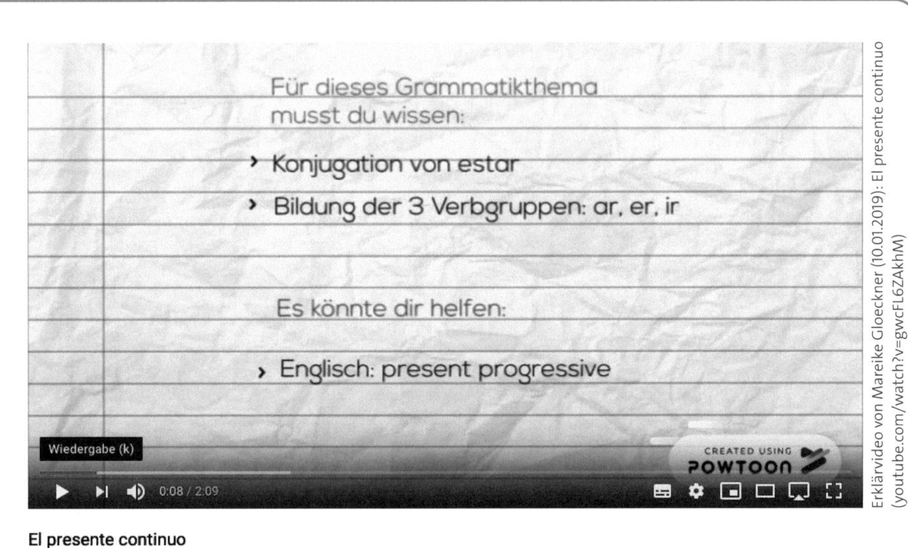

El presente continuo

Erklärvideo von Mareike Gloeckner (10.01.2019): El presente continuo (youtube.com/watch?v=gwcFL6ZAkhM)

Transfer

Estás en tu lugar de tus deseos. Escribe un mensaje a un amigo / una amiga sobre lo que estás describiendo.

GEFLIPPTE ANWEISUNG Erklärvideo zu Verbgruppen *-ar, -er, -ir*	GEFLIPPTE ANWEISUNG Erklärvideo zu *el presente continuo*
Übungen zu *el presente continuo* *el gerundio*	Übungen zu *the present progressive*

Transfer

Produce un informe de noticias sobre lo que está pasando en este momento.

2.4 VARIANTE TASK-BASED FLIP

Thema:	*Berlín antes y durante la crisis de Corona*
Material:	Erklärvideos, Onlinematerial, Mikroblogging-Editor
Technik:	Internet, Laptop, Smartphone

Didaktischer Hinweis

Der Arbeitsauftrag wurde für diese Aufgabe mit dem Programm *genial.ly* erstellt in Form eines *Advance Organizers*.

Das finale Produkt ist zentral auf der Seite angeordnet sowohl textbasiert als auch mit weiteren Ergänzungen im Audioformat. Die Schüler/-innen werden dann durch die einzelnen Schritte geführt. Zu jedem Schritt gibt es unterstützendes Material in Form von Erklärvideos und Onlineseiten.

Didaktische Reserve

Die Aufgabenstellung und das Material können ebenfalls analog ausgehändigt werden. Die Erstellung des Arbeitsblatts kann mit *genial.ly* erstellt und als PDF den Schüler/-innen zur Verfügung gestellt werden.

TASK-BASED FLIP

Thema: *Narrar una historia en pasado*

Material: Erklärvideos, Onlinematerial, Voice Recorder

Technik: Internet, Laptop, Smartphone

Didaktischer Hinweis

Der Arbeitsauftrag wurde für diese Aufgabe mit dem Programm *padlet* erstellt.

Darin wird den Schülern/Schülerinnen die Situation dargestellt und von dort gelangen sie über die Verbindungslinien zu den einzelnen Schritten und dem unterstützenden Material.

Didaktische Reserve

Die Aufgabenstellung und das Material können ebenfalls analog ausgehändigt werden. Das Arbeitsblatt kann mit *padlet* erstellt und als PDF den Schülern/Schülerinnen zur Verfügung gestellt werden.

TASK-BASED FLIP

Thema: *Vacaciones*

Material: Erklärvideos, Onlinematerial, Voice Recorder

Technik: Internet, Laptop, Smartphone

Didaktischer Hinweis

Der Arbeitsauftrag wurde für diese Aufgabe mit dem Programm *padlet* erstellt.

Darin wird den Schülern/Schülerinnen die Situation dargestellt und von dort gelangen sie über die Verbindungslinien zu den einzelnen Schritten und dem unterstützenden Material.

Didaktische Reserve

Die Aufgabenstellung und das Material können ebenfalls analog ausgehändigt werden. Das Arbeitsblatt kann mit *padlet* erstellt und als PDF den Schülern/Schülerinnen zur Verfügung gestellt werden.

3 LERNEN DURCH LEHREN 2.0

Wenn die Schüler/-innen im Rahmen des *Flipped Classroom*-Lernvideos rezipieren, bietet es sich nach einiger Zeit an, die Lerner/-innen selbst zu Vermittlern von Lerninhalten werden zu lassen und eigene Lernvideos zu produzieren. Die schüleraktivierende Methode, die dahinter steckt, ist Lernen durch Lehren (LdL), wobei die Schüler/-innen „einen Lernstoffabschnitt selbstständig erschließen und ihren Mitschülern vorstellen, wenn sie ferner prüfen, ob die Informationen wirklich angekommen sind, und sie schließlich durch geeignete Übungen dafür sorgen, dass der neue Stoff verinnerlicht wird“ (Martin: 2000, S. 1). Die erhofften Ziele sind:

HÖHERER SPRECHBEITRAG DURCH LERNER

Schwierige Stoffsequenzen werden aus Schülerperspektive beleuchtet, wodurch die Lerner/-innen ihren individuellen Lernzugang finden. Darüber hinaus werden aus dem Bereich Medienkompetenz folgende geforderte Kompetenzen der Kultusminister Konferenz für Bildung in der digitalen Welt (2016) berücksichtigt:

Die Schüler/-innen

- entwickeln und produzieren.
- lernen mehrere technische Bearbeitungswerkzeuge kennen und anzuwenden.
- planen eine Produktion und wählen passende Werkzeuge aus.
- erstellen, bearbeiten, führen zusammen und veröffentlichen Inhalte in verschiedenen Formaten.
- beachten rechtliche Vorgaben.
- berücksichtigen Urheberrecht und Persönlichkeitsrechte und Lizenzen bei eigenen und fremden Werken.

PROJEKT ERKLÄRVIDEOS AUS SCHÜLERHAND

Oftmals sind die Schüler/-innen mit Erklärvideos aus dem Unterricht vertraut. Selten werden aber Kriterien zur Bewertung von guten Erklärvideos besprochen. Bevor die Schüler/-innen in die eigene Produktion gehen, sollten diese Kriterien gemeinsam entwickelt und besprochen werden. Die folgende Liste sollte dann ebenfalls als Grundlage für die abschließende Bewertung des Ergebnisses im Rahmen des Projektes dienen:

Inhalt/Sprache	Zusammenspiel von Bild/Text/Musik/Audios	Struktur
▶ verständlich? ▶ nachvollziehbar? ▶ Audiobeiträge sind aktiv und in knappen Sätzen formuliert?	▶ Musik passend? ▶ Text erklärt Bilder? ▶ Audios begleiten passend die visuelle Darstellung?	▶ klare Struktur? ▶ alle Elemente? ▶ Einleitung (Einführung in das Thema?) ▶ Hauptteil (Erklärungen verständlich?) ▶ Schluss (Zusammenfassung?)

Abb 11 | Mögliche Kriterien für ein gutes Erklärvideo

So aufwendig die Planung und Umsetzung eines Erklärvideos für Lehrkräfte ist, umso komplexer stellt sich die Aufgabe für Schüler/-innen, wenn sie mit dem Medium nicht vertraut sind oder ein Video in Gruppenarbeit erstellen. Es ist ebenfalls hilfreich, die Schüler/-innen mit Material im Hinblick auf die technische Umsetzung, Arbeitsorganisation und inhaltliche Erarbeitung zu unterstützen

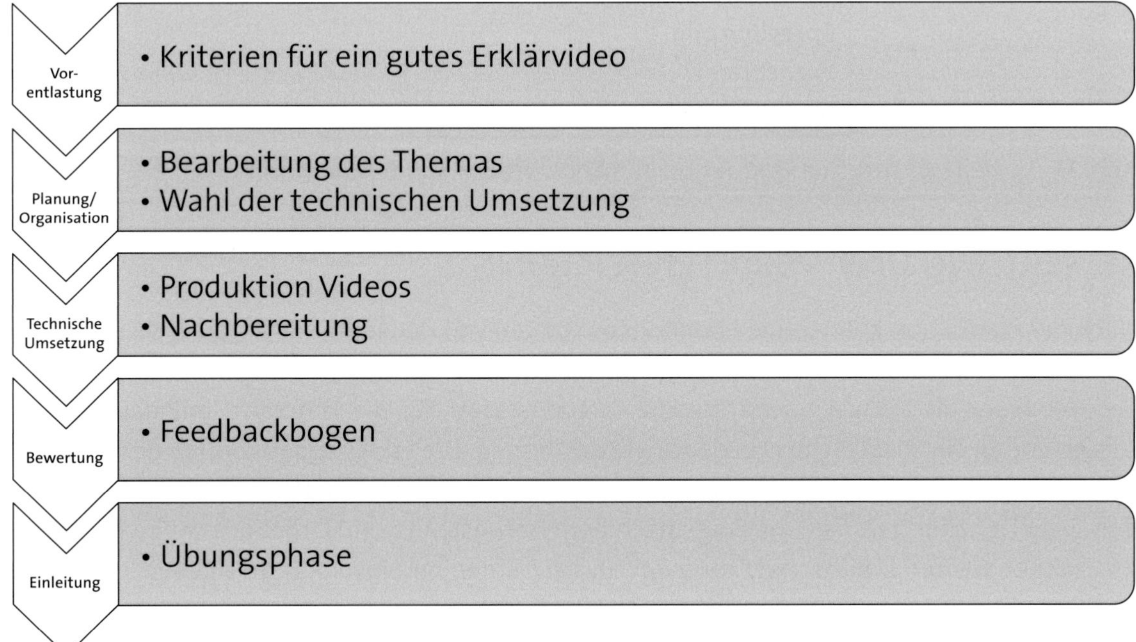

Abb. 12 | Ablauf des Projektes „Produktion von Schüler-Erklärvideos“

PLANUNG/ORGANISATION UND TECHNISCHE UMSETZUNG

Die Schüler/-innen arbeiten in Gruppen an ihrem Erklärvideo. Die Gruppenfindung kann dabei freiwillig oder bestimmt sein, sollte aber im Sinne der Lerngruppe entschieden werden. Im ersten Schritt erarbeitet man gemeinsam Kriterien für ein gutes Erklärvideo. Dies kann anhand von Positiv- und/oder Negativbeispielen erarbeitet werden, wie in der Abbildung 11 dargestellt. Danach arbeiten die Gruppen anhand verschiedener Aspekte, wie in der Abbildung 13 dargestellt. Diese Aspekte können auch als Karteikarten benutzt werden, die die Gruppen verwenden können, um die Arbeitsschritte aufzuteilen und während des Arbeitsprozesses in

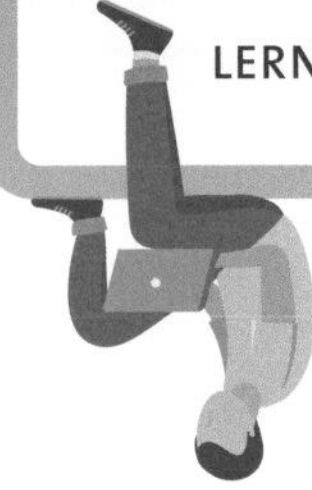

Form eines Kanban organisieren zu können. Im ersten Schritt einigen sich die Gruppen auf ein Thema, welches sie medial darstellen möchten. Erklärvideos können zu verschiedenen Themen produziert werden, zum Beispiel zu Grammatikthemen, aber auch zu landeskundlichen Themen. Sie sollten allerdings nicht zu komplex sein, besonders nicht für Anfänger/-innen. Im nächsten Schritt planen die Gruppen die technische Umsetzung sowie die inhaltliche Darstellung.

Ziel
Wer ist Zielgruppe?
Was soll vermittelt werden?

Aufbau/Inhalt
Welche Informationen sollen:
- in die Einleitung?
- in den Hauptteil?
- in den Schluss?

Technische Umsetzung
Wie soll das Video produziert werden?

Musik und Sounds
Lizenzfreie Musik unter:
- freemusic archive
- Auditorix
- archive.org

Sprecherrolle
Wer spricht?
Sprechtempo beachten

Abb. 13 | Arbeitsschritte zur Produktion von Erklärvideos aus Schülerhand

BEWERTUNG UND VERÖFFENTLICHUNG

Nach der Produktion können die Erklärvideos sowohl von der Lehrkraft als auch den Schüler/-innen bewertet werden. Als Grundlage empfiehlt sich ein Feedbackbogen für das *Peer-to-Peer*-Feedback als auch ein separates Bewertungsraster für die Lehrkraft, mit dessen Hilfe Lehrer/-innen ein zusätzliches Feedback geben können. Die Erklärvideos können dann entweder auf dem internen Schulserver und/oder auf eine digitale Lernplattform hochgeladen werden. Dabei ist aber natürlich die Frage nach dem Datenschutz und Urheberrecht zu beachten. Im Hinblick auf den Datenschutz müssen Schüler/-innen ihr Einverständnis geben, wenn ihre audiovisuellen Produkte veröffentlicht werden sollen.

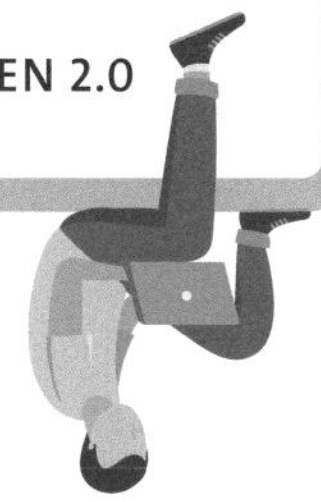

Einverständniserklärung für die Verwendung von Erklärvideos

--- für Erziehungsberechtigte ---

Hiermit erkläre ich mich einverstanden, dass das Erklärvideo, welches von

meiner Tochter / meinem Sohn ______________________________

im Rahmen des Schulunterrichts erstellt wurde und auf der sie / er ggf. zu sehen und / oder zu hören ist, für folgende Zwecke verwendet werden darf:

- ► Veröffentlichung im Lernportal ______________________________
- ► im *Youtube*-Kanal von ______________________________

(Beim Hochladen von Videos gelten die Nutzungs- und Datenschutzbedingungen und -hinweise der Plattform)

- ► auf der Schulhomepage

Dieses Einverständnis kann jederzeit – auch teilweise – widerrufen werden und gilt ansonsten zeitlich unbeschränkt.

- ► Ich stimme der Veröffentlichung von Bild- und Tonmaterial meines Kindes nicht zu.

______________________ ______________________

Datum/Ort Unterschrift Erziehungsberechtigte/-r

Abb. 14 | Einverständniserklärung Schüler/-in

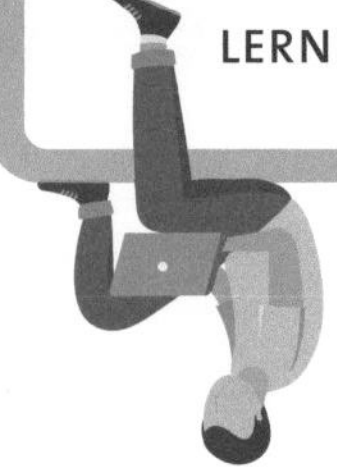

ÜBUNGS- UND VERTIEFUNGSPHASE

Idealerweise erstellen die einzelnen Gruppen Quiz-Fragen zu ihren Lernvideos oder Aufgaben im Sinne des *Flipped Classroom*, die die anderen Gruppen bearbeiten müssen. In dieser Phase hilft es, wenn die Lehrkraft den Gruppen Beispiele und/oder Vorlagen an die Hand gibt. Darüber hinaus können Schüler/-innen auch mit *LearningApps.com* Rätsel erstellen. Wenn die Schüler/-innen technisch versiert sind, dann können sie auch ihre Erklärvideos interaktiv bearbeiten. Dazu müssten die Erklärvideos auf einem öffentlich zugänglichen Videoportal, wie z. B. *YouTube*, hochgeladen sein. Danach können sie zum Beispiel mit *EdPuzzle* nachbearbeitet werden.

Tipos de vídeos educativos: Usad la table para vuestra planificación del video educativo

	Screencast	Whiteboard	Lege-/Wischtechnik	Animation
Material	▶ Presentación digital ▶ PPP ▶ Prezi ▶ LibreOffice ▶ ...	▶ Póster ▶ Papel ▶ ... ▶ ...	▶ Trozos de papel ▶ ... ▶ ... ▶ ...	▶ Textos
Realización técnica/ Grabación	▶ Ordenador ▶ Portátil ▶ Screencast program ▶ Quick Time Player ▶ O-Matic ▶ Simple Screen Recorder ▶ ...	▶ Cámara web/ digital ▶ Smartphone ▶ Audaciy (+ micró-fono externo) ▶ ...	▶ Cámara web / digital ▶ Smartphone ▶ Audacity (+ micró-fono externo) ▶ ...	▶ Ordenador ▶ Portátil ▶ Micrófono externo
Postprodución/ Edición	▶ Editor de vídeo ▶ Imovie ▶ Movie Maker	▶ Editor de video ▶ Imovie, ▶ Movie Maker	▶ Editor de vídeo ▶ Imovie, ▶ Movie Maker	

Nombre: Título: Página:

EL GUIÓN

	Descripción		Audio
Introdución			
Desarollo del tema			
Resumen			

EVALUACIÓN VÍDEO EDUCATIVO

Miembros de grupo: ______________________________

Tema: ______________________________

Categoría	**2 p**	**1 p**	**0**	**Comentario**
Contenido				
Estructura (introducción/desarollo/resumen)				
Competencia profesional (Fachkompetenz)				
Competencia técnica				
Realización visual				
Realización auditiva				
Competencia comunicativa				
Lengua comprensible *(verständlich)*, estructurada *(gegliedert)*, adecuado a la velocidad *(Tempo angemessen)*				
Motivación				
Criterio electo por el grupo	**3 p**	**2 p**	**0**	

	15–13	**12–10**	**9–7**	**6–4**	**3–1**	**0**	
Nota estudiantes (50 %)							
Nota professor/a (50 %)							

NOTA FINAL: ________

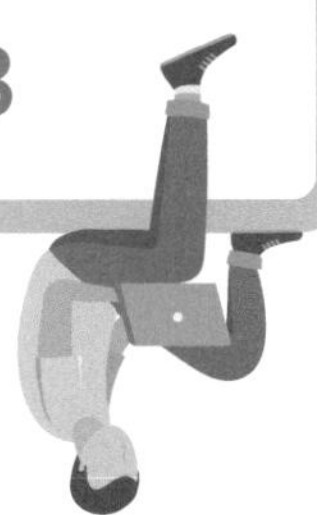

BEWERTUNGSRASTER FÜR LEHRKRÄFTE

	☺	😐	☹	Anmerkungen
Geht aus dem Titel und der Beschreibung des Videos deutlich hervor, was das Thema des Videos ist, was erklärt oder gezeigt wird?				
Das Erklärvideo ist eingeteilt in ▶ eine Hinführung. ▶ einen Hauptteil. ▶ einen Schluss.				
Der Aufbau ▶ ist schlüssig. ▶ stellt das Thema verständlich dar.				
Das Video ▶ konzentriert sich auf ein Thema; es ist gleich erkennbar, worum es geht. ▶ wurde technisch gut produziert, ist nicht verwackelt, hat keine Störgeräusche. ▶ verwendet einfache, verständliche Bilder und Symbole.				
▶ unterstützt bildlich den gesprochenen Text, ist keine reine Wiedergabe des Gesprochenen.				
Der Sprecher / Die Sprecherin ▶ spricht in einem angemessenen Tempo.				
▶ spricht deutlich.				
Folgendes bleibt offen / ist nicht verständlich:				
Verbesserungsvorschläge				
Note				

LITERATUR UND LITERATUREMPFEHLUNGEN

Zitiert:

Carbaugh, Eric & Doubet, Kristina (2015): The Differentiated Flipped Classroom. A Practical Guide to Digital Learning. Corwin: USA.

Erklärvideo von Mareike Gloeckner (10.01.2019): El presente continuo (youtube.com/watch?v=gwcFL6ZAkhM)

Gloeckner, Mareike (2018): Der geflippte Fremdsprachenunterricht. In: Werner, J., Spannagel, C., Ebel, C. Bayer, S. (Hrsg.): Flipped Classrooom – Zeit für deinen Unterricht. Praxisbeispiele, Erfahrungen und Handlungsempfehlungen. Gütersloh: Verlag Bertelsmann Stiftung, S. 117–128.

Handke, Jürgen & Sperl, Alexander (2017): The Inverted Classroom and beyond: Begleitband zum deutschen ICM-Konferenz. De Gruyter Oldenburg.

Literatur:

Gerlach, J. G. (1994): Is this collaboration? In: Bothworth, K. & Hamilton, S. J. (Hrsg.): Collaborative learning: Underlining processes and effective techniques (New directions for teaching and learning), Nr. 59. San Francisco: Jossey Bass, S. 5–14.

Langknickel, Claudia & Schmidt, Reinhard (2020): Lernvideos – (k)ein Problem?! Lernende durch Impulsvideos aktivieren. In: Kantereit, Tim (Hrsg.): Hybridunterricht 101, Visual Ink Publishing, S. 81–99.

Konrad, Klaus & Traub, Silke (2010): Kooperatives Lernen. Theorie und Praxis in Schule, Hochschule und Erwachsenenbildung. Schneider Verlag Hohengehren: Schlondorf, S. 6.

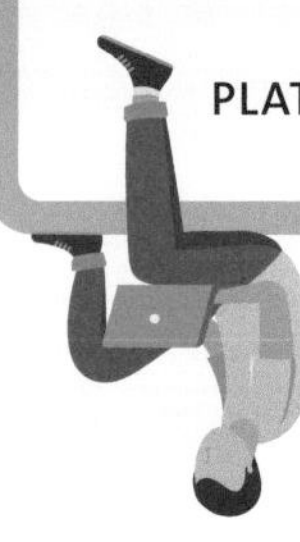